I0816833

Schwarzes Meer
OSMANISCHES REICH
Euphrat
Rhodos
30. Mai
12. September
Zypern
10. September
lio (Candia)
September
Beirut
Damaskus
3. September
28. August Jaffa
Jerusalem 29. Juli
21. Juli Gaza
Hebron 27. Juli
Alexandria
6. Juni
Kairo
17. Juni
MAMLUKENREICH
Sinai
Nil
Rotes Meer

V&R

In Erinnerung an Ayala Feinberg (1915–2003)

Meshullam da Volterra

Von der Toskana in den Orient

Ein Renaissance-Kaufmann auf Reisen

Aus dem Hebräischen übersetzt, kommentiert und eingeleitet
von Daniel Jütte

Vandenhoeck & Ruprecht

Umschlagabbildung: Umkreis von Giovanni Bellini oder Giovanni di Niccolò Mansueti: *Empfang einer venezianischen Gesandtschaft in Damaskus im Jahr 1511.* Venedig, erste Hälfte des 16. Jahrhunderts. © bpk / RMN / Thierry Le Mage
Karte im Vorsatz: Klaus Kühner, huettenwerke.de

Das Gemälde zeigt den Empfang einer venezianischen Delegation in Damaskus im Jahr 1511. Dreißig Jahre zuvor hatte Meshullam da Volterra – ebenfalls aus Italien stammend – die Stadt besucht und festgehalten: »So viel Pracht und so viele Waren wie in Damaskus habe ich nie zuvor erblickt.« Das Gemälde vermittelt einen Eindruck vom Stadtbild um 1500. Im Mittelpunkt des Geschehens, unmittelbar rechts vom Tor, ist ein sitzender Naib (Gouverneur) zu sehen – ein Amtsträger, der von Meshullam da Volterra ebenso erwähnt wird wie der Mamlukensultan Kait-Bay, dessen Wappen an der Mauer angebracht sind.

Bibliografische Information der Deutschen Nationalbibliothek
Die Deutsche Nationalbibliothek verzeichnet diese Publikation in der Deutschen Nationalbibliografie; detaillierte bibliografische Daten sind im Internet über http://dnb.d-nb.de abrufbar.
ISBN 978-3-525-30035-0
ISBN 978-3-647-30035-1 (E-Book)

Satz: Dörlemann Satz, Lemförde
Druck und Bindung: Hubert & Co, Göttingen

Gedruckt auf alterungsbeständigem Papier.

Inhalt

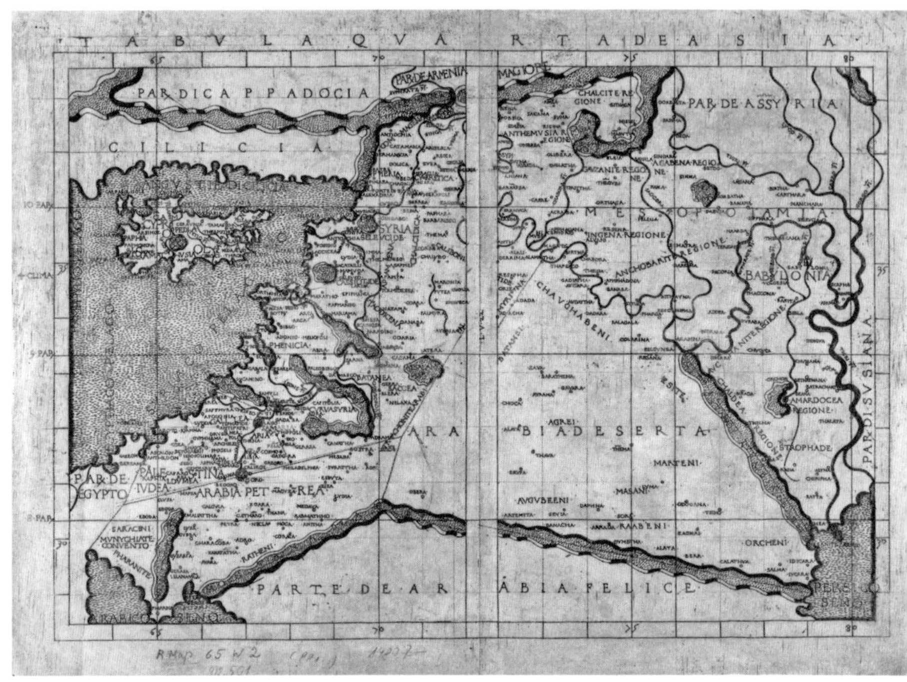

Abb. 1: Das Heilige Land und der Orient. Ein Jahr nachdem Meshullam aus dem Orient in die Toskana zurückgekehrt war, wurde diese Karte in Florenz gedruckt. Sie stützt sich auf das geographische Wissen der Antike, namentlich auf die Schriften des Ptolemäus (2. Jahrhundert n.d.Z.). Für die Seefahrt waren solche Karten wenig nützlich. Hingegen prägten sie oftmals den Vorstellungs- und Wissenshorizont von Reisenden. Abbildung aus: Francesco Berlinghieri, *Geographia*, Florenz 1482.

Einleitung

Im Jahre 1472 erhielt Lorenzo der Prächtige, der mächtige und glanzvolle Renaissance-Herrscher aus dem Hause Medici, in Florenz ein ungewöhnliches Schreiben. Ein jüdischer Untertan erlaubte sich, Wildbret zu übersenden, das er mit eigener Hand in den Wäldern der toskanischen Stadt Volterra erlegt hatte. Einige wenige Zeilen umfaßt der in elegantem Italienisch geschriebene Brief an Lorenzo, der die Jahrhunderte überdauert hat und sich heute im Staatsarchiv von Florenz befindet.[1] In diesen wenigen Zeilen blitzt eine längst vergangene Lebenswelt auf, die nicht so recht zum landläufigen Bild von der jüdischen Geschichte passen will. In der Tat war es damals den meisten Untertanen unter Androhung strenger Strafen verboten, nach Belieben auf die Jagd zu gehen. Allemal galt dies für Juden, denen vielerorts in Europa seit dem Mittelalter untersagt war, Waffen zu führen.[2]

Wer war dieser Jude aus Volterra, der sich herausnehmen durfte, dem Oberhaupt der Familie Medici einen Hirsch und zwei Rehe überbringen zu lassen? Den Zorn des Herrschers hatte der jüdische Jäger jedenfalls nicht zu fürchten – im Gegenteil: Kaum ein Jahr später sandte er ein weiteres Mal waidmännische Geschenke an Lorenzo. Auch diesmal unterzeichnete der Briefschreiber lapidar als »Euer Untertan, der Jude Buonaventura aus Volterra«. In Florenz wußte man freilich, wer der Absender war: Es handelte sich um Meshullam ben Menachem da Volterra, den Sproß einer wohlhabenden, überwiegend im Finanzbereich tätigen jüdischen Familie, die sich mit obrigkeitlicher Erlaubnis Anfang des 15. Jahrhunderts in der toskanischen Stadt Volterra und später auch in Florenz niedergelassen hatte.[3] Der Bankier Meshullam, dessen genaue Lebensdaten unbekannt sind und der im Italienischen *Buonaventura di Emanuele* genannt wurde, genoß hohes Ansehen bei den Medici, die ihrerseits ein Vermögen mit Finanzgeschäften gemacht hatten.

Die Bank der jüdischen Familie, deren Aktivitäten auch über die Toskana hinausreichten, hatte ihre Blütezeit in der Jahrhundertmitte unter

Führung von Meshullams Vater erreicht.[4] In der Tat beziffert Meshullam in seinem vorliegenden Reisebericht das Vermögen zu Lebzeiten des Vaters auf über 100 000 Dukaten und berichtet davon, daß der gute Ruf der Familie bis nach Ägypten gedrungen war. Dies konnte er später auf seiner Reise in den Nahen Osten selbst feststellen.[5] Meshullam übernahm die Geschicke der Bank in den frühen 1460er Jahren, kurz vor dem Tod des Vaters.[6] Zudem erwarb er sich auch beträchtliche Reputation als Edelsteinhändler. Die Mobilität, welche in diesem Metier erforderlich war, dürfte die Vertrautheit Meshullams mit einer Reihe großer italienischer Residenz- und Messestädte erklären.[7] Zentraler Bezugspunkt blieb gleichwohl die Familie Medici in Florenz, zu der er gute Beziehungen unterhielt. Was konnte vor diesem Hintergrund einen so angesehenen und wohlhabenden Mann wie Meshullam dazu veranlassen, seine Familie und Geschäfte in der Toskana für mehrere Monate zu verlassen und eine gefahrvolle Reise ins Heilige Land anzutreten?

Das Florenz, aus dem Meshullam 1481 in den Orient aufbrach, war zu dieser Zeit eine der einflußreichsten Städte Europas. Die Stadt am Arno zählte damals knapp 40 000 Einwohner und bildete ein Zentrum des Handels, des Finanzwesens und der Textilherstellung.[8] Zudem florierte unter der machtbewußten Patronage der Medici nicht nur die Kunst (in Florenz wirkten Botticelli, Leonardo, Raffael und Michelangelo), sondern auch der Humanismus: »Ja, zu dieser Zeit blühten alle Sieben Freien Künste durch vorzügliche Männer, und nicht allein die lateinische Sprache, sondern auch das Griechische und das Hebräische hatten ihrer höchst gelehrte und beredte Autoren, die nicht geringer waren als jene der Vergangenheit«, schrieb in diesen Jahren der angesehene Florentiner Buchhändler Vespasiano da Bisticci.[9] In der Tat kam nicht zuletzt unter der Ägide Lorenzos des Prächtigen ein ebenso ungewöhnlicher wie gelehrter Austausch zwischen einer kleinen Gruppe von Christen und Juden in Gang.[10] Das wohl bekannteste Beispiel dafür bietet der Kreis um den jungen Adligen Giovanni Pico della Mirandola (1463–1494), der in Florenz jüdische Gelehrte und Sprachlehrer engagierte, um mit ihnen gemeinsam die Geheimnisse der Kabbala – der jüdischen Mystik – zu ergründen. Von den ehrwürdigen hebräischen Texten erhoffte sich Pico Einblicke in die Fundamente der göttlichen

Offenbarung – und damit letztlich auch eine »Stärkung unseres heiligen katholischen Glaubens«.[11] Picos Faszination für das Judentum machte ihn ebensowenig wie die meisten christlichen Hebraisten, die später in seine Fußstapfen treten sollten, zu einem Streiter für die Toleranz im modernen Sinne, aber er näherte sich jedenfalls dem Judentum mit Respekt und Wißbegierde an. Dies war für damalige Verhältnisse nicht wenig – zumal wenn man, zum Vergleich, auf die iberische Halbinsel blickt. Dort ebneten zur selben Zeit bereits haßerfüllte christliche Prediger, Zwangstaufen und schließlich die lodernden Scheiterhaufen den Weg zur Vertreibung abertausender Juden aus Spanien. Aus Frankreich waren die Juden schon ein Jahrhundert zuvor (1394) vertrieben worden. Im deutschsprachigen Raum wiederum waren die blutigen Judenpogrome zur Zeit der großen Pestwelle (1347–1352) ebenso wie die ins 15. Jahrhundert datierenden Ausweisungen aus nahezu allen bedeutenden Städten des Reiches der jüdischen Bevölkerung noch deutlich in Erinnerung.

Auch die italienischen Juden, die nach einer weit verbreiteten Vorstellung ihr Herkommen auf römische Zeiten zurückführten, waren während dieser Zeit immer wieder mit Polemik und Übergriffen konfrontiert, wie sich auch im Falle Meshullams noch zeigen wird. Das Bild von einer im Alltag im großen und ganzen ungestörten Koexistenz zwischen Juden und Christen im Italien der Renaissance hat in der jüngeren historischen Forschung durchaus Risse bekommen.[12] Insgesamt waren die politischen und wirtschaftlichen Rahmenbedingungen für Juden auf der Apenninenhalbinsel seit dem späteren Mittelalter jedoch stabil und aussichtsreich genug, um zunächst die Überlebenden der Pestpogrome im deutschsprachigen Raum und über ein Jahrhundert später dann viele der vertriebenen Juden Spaniens nach Italien zu führen.

Daß Italien von Juden in der Frühen Neuzeit nicht nur als vergleichsweise sicherer Hafen, sondern auch als Heimat empfunden werden konnte, bezeugt ein denkwürdiger Wortwechsel, der sich im Jahre 1525 in Siena ereignete. In jenen Tagen hielt sich in der toskanischen Stadt der weitgereiste David Reuveni (gest. ca. 1538) auf, ein jüdischer Abenteurer und angeblicher Gesandter aus der Wüste Chabor. Bis heute ranken sich Legenden und offene Fragen um seine Biographie und um den Hintergrund seiner Reise. Fest steht, daß nicht wenige zeitgenössische

Juden in Reuveni einen Messiasprätendenten sahen. In der Tat gab es – den erhaltenen Quellen nach zu urteilen – in Reuvenis Auftreten und Selbstverständnis ein messianisches Moment. Doch sprang dieser Funke damals nicht auf jeden Juden über. Als Reuveni in Siena weilte, lernte er den wohlhabenden italienischen Juden Ishmael (Laudadio) da Rieti kennen. Im Tagebuch Reuvenis lesen wir über diese Begegnung:

»Er [Ishmael da Rieti] hat ein großes Haus und ist sehr reich. Ich sagte zu ihm: ›Wonach steht Dir der Sinn: nach Jerusalem, oder möchtest Du hier an diesem Ort bleiben?‹ Er antwortete mir: ›Ich habe kein Verlangen nach Jerusalem; ich habe weder den Wunsch noch Lust, an einem anderen Ort als Siena zu leben.‹ Diese seine Worte erstaunten mich sehr. Trotz all des Reichtums, den der HERR ihm gegeben hatte, war er nicht willens, das Gebot des HERRN zu erfüllen, denn er konnte vom Reichtum nicht genug bekommen.«[13]

»Ich habe kein Verlangen nach Jerusalem« – dieser Satz ist seitdem von manchem Historiker angeführt worden, um den Grad der Verbundenheit italienischer Juden der Frühen Neuzeit mit ihrer nichtjüdischen Umgebung zu veranschaulichen. Allerdings war keineswegs bei allen damaligen Juden die Sehnsucht nach dem – obzwar oftmals verklärten – Zion so schwach ausgeprägt wie im Falle des Ishmael da Rieti. Ein bekanntes Gegenbeispiel ist die Biographie des Rabbiners Ovadia di Bertinoro (ca. 1450–1516), dessen Kommentar zur *Mishna* bis heute einschlägig ist. Im Alter von knapp vierzig Jahren entschloß sich Ovadia 1486, das heimatliche Italien sowie seine Familie zu verlassen und nach Palästina überzusiedeln. In Jerusalem angekommen (1488), sah er sich allerdings nicht nur mit dem desolaten Zustand der Heiligen Stadt konfrontiert, sondern auch mit einer kleinen jüdischen Gemeinde, in der Armut, Mißwirtschaft und Ränke vorherrschten. Dem italienischen Rabbiner Ovadia, dessen Gelehrsamkeit, wie wir aus verschiedenen Quellen wissen, auf die Zeitgenossen tiefen Eindruck machte, gelang es, die Jerusalemer Judenschaft zu einer bescheidenen Blüte zu führen. In die Heimat sandte er in dieser Zeit drei auf hebräisch verfaßte Briefe (1488–1491), die nicht nur detailliert Auskunft über den Verlauf seiner Reise und den Zustand des Heiligen Landes gaben, sondern auch manchen italienischen Juden zur Übersiedlung zu ermuntern vermochten.[14]

Man kann, mit etwas Zuspitzung, in Ishmael da Rieti und Ovadia di Bertinoro zwei entgegengesetzte Pole jüdischer oder – allgemeiner gesagt – diasporischer Existenz in der Frühen Neuzeit sehen. Schwerer fällt es hingegen, Meshullam da Volterra, den Verfasser des vorliegenden hebräischen Reiseberichts, in diesem Spektrum zu verorten. Denn Meshullam führte, ganz so wie der erwähnte Geldverleiher Ishmael da Rieti, ein Leben voller Wohlstand in der Toskana, nahm aber gleichwohl, wie der Rabbiner Ovadia di Bertinoro, die Beschwerlichkeiten einer Reise ins Heilige Land auf sich, in dem er sich allerdings nicht niederzulassen gedachte. Der Anlaß der Reise läßt sich nicht mit letzter Gewißheit klären. Meshullam selbst erwähnt in seinem Reisebericht, es sei ein Gelübde gewesen, das ihn zu seiner Reise ins Heilige Land bewegte. Offenkundig spielten auch geschäftliche Interessen eine gewisse Rolle (jedenfalls erfahren wir hernach in seinem Reisebericht mehr über den Erwerb von Edelsteinen im Orient als über den Hintergrund des Gelübdes).

Von dieser Verschränkung von Pilger- und Geschäftsreise geht ein Teil der Faszination von Meshullams Reisebericht aus. Der Bericht setzt – da der Anfangsteil verschollen ist – erst kurz vor der Ankunft des Reisenden auf Rhodos im Mai des Jahres 1481 ein. Über das Datum der Abreise aus der Toskana können wir daher nur spekulieren. Vermutlich fällt sie in das Frühjahr 1481. Aus beiläufigen Anmerkungen können wir hingegen rekonstruieren, daß Meshullam seine Seereise auf einem genuesischen Schiff in Neapel begonnen hat. Diese Route führte ihn aller Wahrscheinlichkeit nach über Sizilien. Von dort aus gelangte er über Rhodos nach Ägypten. In Alexandria und Kairo – zwei Städten, denen er neben Jerusalem die ausführlichste Beschreibung in seinem Bericht widmete – verbrachte er nicht zuletzt aufgrund der Gastfreundschaft der örtlichen Judenschaft insgesamt mehr als einen Monat. Von Kairo aus führte der Weg sodann auf der traditionellen Karawanenroute, die auch von arabischen Reisenden der Zeit geschildert wird,[15] durch die Wüste Sinai. Nach der Ankunft in Gaza ging es über Hebron nach Jerusalem, das der Reisende am 29. Juli 1481 erreichte. In der Heiligen Stadt verweilte Meshullam fast einen Monat, wobei er allerdings einen beträchtlichen Teil der Zeit krank daniederlag. Mit der Ankunft in Jerusalem war das Reiseziel erreicht und das Gelübde erfüllt. Vielleicht auch aus diesem Grund werden die Schilderungen des weiteren Reiseverlaufs ab diesem Zeitpunkt etwas knapper und lakonischer. Die Rückreise führte – übrigens ohne Erkundung Galiläas – über Jaffa nach Beirut.

Dort trat der Reisende – nach einem unverhofften Abstecher in die Metropole Damaskus – mit einer venezianischen Pilgergaleere die Seereise in Richtung Europa an. Der Seeweg führte diesmal über Zypern, Rhodos, Kreta und Korfu in die Adria. Mit der Ankunft in Venedig am 18. Oktober endet Meshullams Reisebericht, der – obgleich nach der Rückkehr ausgearbeitet – in Teilen bereits während der Reise verfaßt worden sein muß.[16] Doch reißt für den Historiker die Überlieferung mit dem Ende des Reiseberichts keineswegs ab: Aus einer bisher nicht beachteten Quelle wissen wir, daß Meshullam am 29. Oktober bereits zurück in Florenz war. Gemeinsam mit einer Reihe angesehener Juden der Stadt beriet er an diesem Tag über eine Sonderabgabe, die der jüdischen Gemeinde auferlegt worden war. Bei dem christlichen Notar, der den Beschluß aufzeichnete, handelt es sich übrigens um keinen Geringeren als den mutmaßlichen Vater Leonardo da Vincis.[17]

Doch kehren wir zurück zum Beginn der Reise. Die von unserem Reisenden auf dem Hinweg gewählte Route entsprach nicht der schnellsten und von damaligen Pilgern favorisierten Verbindung von Italien ins Heilige Land (die – möglichst in steter Küstennähe – von Venedig nach Jaffa führte).[18] Weshalb sich Meshullam für die Einschiffung in Neapel und für die Fahrt mit einem genuesischen Schiff (namens *Ghilberta*[19]) entschied, läßt sich rückblickend nicht mehr beantworten. Es gilt zu bedenken, daß jüdische Reisende in der Wahl ihrer Routen wie auch ihrer Fortbewegungsmittel mit Einschränkungen rechnen mußten. Auf Betreiben Papst Martins V. sowie der Franziskaner hatten im zweiten Viertel des 15. Jahrhunderts die Republik Venedig ebenso wie das Königreich Neapel ihren Reedern die Beförderung von Juden ins Heilige Land untersagt.[20] Hintergrund dieses Verbotes waren Streitigkeiten zwischen Juden, Christen und Muslimen in Jerusalem um das angebliche Grab des Königs David auf dem Berg Zion. Nach Meinung des Papstes waren die Jerusalemer Juden verantwortlich für die 1428 von der muslimischen Obrigkeit angeordnete Konfiszierung des unmittelbar angrenzenden Abendmahlssaals (*Coenaculum*). Bis heute ist nicht ganz klar, ob das Verbot, jüdische Reisende zu befördern, in der zweiten Hälfte des 15. Jahrhunderts erneuert wurde. Zum Zeitpunkt von Meshullams Reise war es jedenfalls de facto nicht mehr in Kraft.

Gleichwohl war die Situation jüdischer Passagiere an Bord heikel. So berichtet uns Meshullam von einer gefährlichen Situation auf der Hinreise, bei der sich der genuesische Patron standhaft weigerte, die an Bord seines Schiffes befindlichen Juden an den Kommandanten eines venezianischen Kriegsschiffes auszuliefern. Auch unter normalen Umständen fehlte es auf damaligen Schiffen nicht an Konfliktpotential. Die angespannte Atmosphäre an Bord hing mit der großen räumlichen Enge und der teilweise miserablen sanitären Situation ebenso zusammen wie mit der Tatsache, daß die (oftmals wohlhabenden) Reisenden und eine teils unter sklavereiartigen Bedingungen arbeitende Besatzung permanent aufeinandertrafen. Vor diesem Hintergrund waren Beleidigungen und Flüche an Bord an der Tagesordnung und konnten rasch zu einem handfesten Streit eskalieren. Es war, wie der zeitgenössische christliche Pilger Felix Fabri berichtet, in der Tat verhängnisvoll, Feinde an Bord zu haben.[21] Wie prekär die Situation für jüdische Passagiere an Bord eines christlichen Schiffes werden konnte, sollte Meshullam einige Jahre später erfahren, als er 1487 ein zweites Mal die beschwerliche Reise in den Orient auf sich nahm. Das einzige Zeugnis, das sich von dieser zweiten Reise erhalten hat, stammt allerdings nicht von Meshullam selbst, sondern von dem bereits erwähnten Rabbiner Ovadia di Bertinoro, der sich zufälligerweise auf dem gleichen – französischen – Schiff wie unser Reisender befand. Ovadias kurze Schilderung der gemeinsamen Überfahrt von Palermo nach Rhodos gewährt uns einen aufschlußreichen Einblick in das zunächst offenbar recht selbstbewußte Auftreten unseres jüdischen Reisenden:

»Einer der Ruderer auf dem Boot stieß beleidigende Worte gegen den ehrenwerten Rabbi Meshullam da Volterra aus. Daraufhin beschwerte sich Rabbi Meshullam über diesen Matrosen beim Patron des Schiffes. Der Patron ging persönlich unter Deck, um diesen Matrosen ausfindig zu machen. Dessen Gefährten versuchten, ihn zu verstecken und zu retten, doch gelang ihnen das nicht. Der Patron befahl, den Matrosen an den Mastbaum in der Mitte des Schiffes zu fesseln und ihn kräftig auszupeitschen. Als der Patron bemerkte, daß der Peitschende die Bestrafung nachlässig durchführte, ergriff er selbst den Strick und nahm die Züchtigung so vor, wie es die Missetat erforderte. Überdies wollte er, daß der Matrose vor aller Augen Rabbi Meshullam um Verzeihung bitte. Die Menschen an Bord ereiferten sich sehr über das, was der Patron dem Matrosen widerfahren ließ, nur weil jener einen Juden beleidigt hatte. Von diesem Tag an begannen die Menschen auf dem Schiff uns [die jüdischen Passagiere] zu hassen und benahmen sich uns gegenüber nicht mehr wie zuvor.«[22]

Ob Meshullam bei dieser zweiten Reise das Heilige Land tatsächlich erreichte (sofern er dieses Ziel damals überhaupt anstrebte), wissen wir nicht. Nachdem – wie Ovadia uns berichtet – die Feindseligkeit gegenüber den Juden an Bord des Schiffes zunahm, entschloß sich Meshullam jedenfalls, auf die geplante Weiterfahrt nach Alexandria zu verzichten, statt dessen in Chios an Land zu gehen und sich von dort aus nach Istanbul einzuschiffen.[23]

Doch kehren wir zur ersten Reise und damit ins Jahr 1481 zurück. Auch sie war voller dramatischer Situationen, mit denen sich Meshullam konfrontiert sah. Eine Seeschlacht mit der venezianischen Flotte vor Rhodos war ebenso zu überstehen wie mehrere Schiffbrüche. Zwar hat unser Reisender bei der Schilderung des Seegefechts an Dramatik nicht gespart: »Ein solches Gefecht hat man bis zum heutigen Tag nicht gesehen«, schreibt er. Gleichwohl kann kein Zweifel daran bestehen, daß er tatsächlich in Lebensgefahr schwebte. Allgegenwärtig war im Mittelmeerraum zudem die Gefahr durch Piraten, denen Meshullam sowohl zu Wasser als auch zu Lande mehrfach nur um ein Haar entging. Herabstürzende Schiffsbalken, eine schwere Erkrankung, die Bedrohung an Leib und Leben durch mordlustige Beduinen und heimtückische Fremdenführer – all dies sollte unseren Reisenden nach seiner Ankunft im Orient erst noch erwarten.

Vor allem unternahm Meshullam seine Reise in einem Moment großer politischer Spannungen im Mittelmeerraum, die ihm nicht verborgen blieben, deren volles Ausmaß und Komplexität er freilich nicht zu erahnen vermochte. In Rhodos konnte er noch die Schneise der Verwüstung sehen, die wenige Monate zuvor von der letztlich gescheiterten Belagerung der Stadt durch die Türken hinterlassen worden war. Daß der Fall der Johanniterinsel Rhodos damit nur hinausgeschoben worden war, konnte unser Reisender natürlich nicht wissen. Ebenfalls konnte Meshullam nicht ahnen, daß es bei dem Seegefecht mit der venezianischen Flotte, in das er verwickelt wurde, nicht nur um eine unterschiedliche Auslegung von Seerecht ging, sondern auch um den schwelenden Konflikt um die Herrschaft über Zypern. Heute wissen wir, daß die Republik Venedig im Sommer 1481 aus Sorge vor einem Angriff auf Zypern ihre Flottenkapitäne insgeheim anwies, den Schiffsverkehr im östlichen Mittelmeerraum rigoros zu überwachen.[24]

Während Meshullam die Reise ins Heilige Land unternahm, kam es darüber hinaus zu massiven Flottenbewegungen im östlichen Mittelmeer: Türkische Truppen hatten ein Jahr zuvor (1480) die apulische Stadt Otranto eingenommen. Nun – im September 1481 – unternahm ein Flottenverband aus neapolitanischen, päpstlichen, portugiesischen und genuesischen Schiffen den Versuch, die Stadt auf dem italienischen Festland zurückzuerobern. Das Unternehmen gelang; am 10. September fiel Otranto wieder in christliche Hand. Die Kunde davon erreichte Meshullam offenbar knapp einen Monat später, auf der Rückreise aus dem Heiligen Land. Während unser Reisender den Sieg dem Kriegsgeschick des neapolitanischen Königs Ferdinand zuschrieb, nehmen wir heute an, daß Otranto vor allem deswegen fiel, weil die türkischen Truppen von der Nachricht vom Tod Sultan Mehmeds II. überrascht und vom daraufhin ausgebrochenen Streit zwischen den Sultanssöhnen Bayezid und Djem geschwächt wurden. Meshullam selbst war Ende August auf dem Weg von Jerusalem nach Jaffa zufällig Augenzeuge der Flucht Djems geworden und dabei auch dem vierhundert Mann starken Troß des Sultanssohns begegnet.

Mit einem Wort: Hätte Meshullam gewußt, in welch angespannten politischen und militärischen Zeiten er seine Reise antrat und schließlich zu einem glücklichen Ende brachte, hätte er wohl die Liste seiner Dankgebete um ein weiteres ergänzt. Freilich war er nicht der einzige Heiliglandfahrer dieser Zeit, der sich auf der Reise verschiedensten Gefahren gegenübersah.[25] Eine Vielzahl von christlichen wie jüdischen Reisenden dieser Zeit berichten von Schiffsbrüchen, Piraten und Unfällen usf., wenngleich man in Meshullams Fall von einer gewissen Häufung der Widrigkeiten sprechen kann.[26] Trotz der beträchtlichen Risiken einer jeden damaligen Fahrt ins Heilige Land war im späten 15. Jahrhundert die Infrastruktur des Reisens eher günstig. Selbst in Zeiten großer politischer Spannungen kam, wie wir gesehen haben, der Pilgerverkehr nicht zum Erliegen. Im Gegenteil: Im Laufe des Jahrhunderts war es auf christlicher Seite zu einer Konjunktur und Stabilisierung des Reiseverkehrs ins Heilige Land gekommen.[27] In den Worten des Historikers Folker Reichert: »Im 15. Jahrhundert war die Wallfahrt ins Heilige Land in solch festen Formen organisiert, daß der Vergleich mit der modernen Pauschal- oder Gruppenreise sich geradezu aufdrängt.«[28] Wenngleich, wie erwähnt, auf christlicher Seite die erhöhte Mobilität keineswegs zu gestiegenen Sympathien für jüdische Mitreisende führte,[29] kann man doch feststellen, daß jüdische Reisende von der Verbesserung der Reisemöglichkeiten im großen und ganzen profitierten.

Die erwähnte Verbesserung der Infrastruktur und der Aufschwung des Pilgerwesens hingen mit der Tatsache zusammen, daß sich seit der Mitte des 14. Jahrhunderts, also ein halbes Jahrhundert nach dem endgültigen Fall des Kreuzfahrerreiches in Palästina (1291), zwischen Okzident und Orient eine Balance gegenseitiger Interessen herauszubilden begonnen hatte. Drei Faktoren kamen dabei zusammen[30]: Die Mamlukensultane, die von Ägypten aus über das Heilige Land herrschten, sowie insbesondere die Obrigkeit vor Ort in Palästina profitierten wirtschaftlich von den Einkünften durch die europäischen Pilger, zumal die einheimische Wirtschaft weitgehend daniederlag. Für die Republik Venedig und ihre Schiffspatrone wiederum, die den Handel mit dem Orient dominierten, bot sich innerhalb der Pilgersaison durch die Beförderung der Heiliglandfahrer die Aussicht auf ein lukratives Geschäft. Zwischen Venedig und Jaffa existierte um 1500 ein zuverlässiger Liniendienst für Palästinareisende: In der Regel stachen zwei sogenannte *Jaffa-Galeeren* pro Jahr in See, und zwar in der Regel in der Woche nach Fronleichnam und mit etwa hundert zahlenden Passagieren an Bord.[31] Schließlich sind als Faktor in diesem Reiseverkehr auch die Franziskaner in Jerusalem zu nennen, die sich seit ihrer dauerhaften Niederlassung auf dem Berg Zion im Jahre 1335 die Betreuung der Pilger vor Ort zur Aufgabe machten und damit nicht zuletzt auch einen Weg fanden, den Kreuzzugsgedanken weiterzugeben. Gerade an letzterem Punkt wird freilich deutlich, daß die Verbesserung der Infrastruktur des Reisens nicht notwendigerweise unter irenischen Vorzeichen stand. Im Gegenteil: Zwischen christlichen Pilgern und einheimischen Muslimen herrschten auch weiterhin tief verwurzeltes Mißtrauen und große Abneigung. Jüdische Reisende befanden sich oftmals zwischen den Fronten: In den Augen der Muslime galten sie gleich den Christen als *dhimmi*, als nicht gleichberechtigte Angehörige nichtmuslimischer Minderheiten. Daran änderten auch der Wohlstand und das Ansehen, das einige Juden unter islamischer Herrschaft genossen und von dem unser Reisender zufrieden berichtet, nichts. In den Kreisen der christlichen Heiliglandfahrer wiederum hatten jüdische Reisende in der Regel nicht auf Solidarität zu hoffen.[32] Denn die allermeisten christlichen Reisenden brachten aus Europa ohnehin schon eine ausgeprägte Judenfeindschaft mit, die sich durch den Besuch der Wirkungs- und Leidensstätten Jesu oftmals noch steigerte und vor allem auf dem engen Raum der Pilgergaleere eskalieren konnte. Es ist daher kein Zufall, daß jüdische Palästinareisende in der Regel in Gruppen reisten.[33] Immerhin aber war es ihnen im großen und ganzen überhaupt möglich zu reisen. Auch wissen wir, daß Juden durchaus Wege fanden, auf christlichen Schiffen gemeinsam zu beten; mitunter ergab es sich sogar, daß an Feiertagen wie dem jüdischen Neujahrsfest auf einem christlichen Schiff das Shofar geblasen wurde.[34]

Dennoch erreichte die Zahl der jüdischen Reisenden im Spätmittelalter und in der Frühen Neuzeit nicht annähernd die Zahl der christlichen Pilger, ja vermutlich – wir haben keine verläßlichen Schätzungen – bewegte sich der Anteil der Juden an den europäischen Heiliglandfahrten sogar noch unter dem ohnehin marginalen Anteil, den die jüdische Minderheit an der Gesamtbevölkerung ausmachte. Die Zahlen auf christlicher Seite hingegen sind beachtlich: Historiker gehen heute davon aus, daß im 15. Jahrhundert jährlich zwischen 150 und 500 christliche Pilger ins Heilige Land kamen. Hochgerechnet bedeutet dies, daß über das gesamte Jahrhundert hinweg die Zahl der christlichen Heiliglandfahrer in die Zehntausende ging, wobei die Reisetätigkeit, wie angedeutet, in der zweiten Hälfte des 15. Jahrhunderts, also kurz vor dem Fall des Mamlukenreiches, nach Meinung Folker Reicherts einen Höhepunkt erreichte.[35] Ermessen läßt sich diese Mobilität auch an der großen Zahl von Reiseberichten christlicher Autoren, die uns aus Meshullams Zeit erhalten geblieben sind. Während uns aus dem gesamten 15. Jahrhundert kaum mehr als ein Dutzend Reiseberichte und -briefe aus der Feder von Juden bekannt sind, gehen Historiker von fast 600 erhaltenen christlichen Palästinaberichten aus dem Zeitraum von 1300 bis 1500 aus (einige fiktive Berichte mitgezählt), wobei weit über ein Drittel dieser Quellen aus der zweiten Hälfte des 15. Jahrhunderts stammt.[36] Einige der bedeutendsten christlichen Reiseberichte sind in der Tat in geringem zeitlichem Abstand zu unserer Quelle entstanden. Zu nennen wären insbesondere die Berichte von Anselm Adorno (1470),[37] Bernhard von Breydenbach (1483–84),[38] Hans Tucher (1479–80),[39]

Konrad Grünemberg (1486),[40] Pietro Casola (1494)[41] sowie Arnold von Harff (1496–98)[42]. Hinzuweisen ist aber vor allem auch auf den in seiner Ausführlichkeit (und Weitschweifigkeit) unübertroffenen Bericht des Ulmer Dominikanermönchs Felix Fabri (1483–84), der übrigens bei seiner ersten Palästinafahrt (1480) an Bord der Galeere desselben venezianischen Schiffsherrn reiste, mit der auch Meshullam ein Jahr später die Heimreise nach Europa antrat.[43]

Abgesehen davon, daß Berichte jüdischer Reisender aus dem Spätmittelalter ein knappes Gut darstellen und daß innerhalb dieses Korpus unsere Quelle eine der ausführlichsten ist, stellt sich die Frage, worin die Besonderheit und die Bedeutung von Meshullams Reisebericht liegen. Es empfiehlt sich, diese Frage zunächst im spezifischen Kontext der hebräischen Reiseliteratur zu erörtern, bevor wir versuchen, Meshullams Text in der Reiseliteratur des 15. Jahrhunderts allgemein zu situieren.[44]

Was den jüdischen Kontext betrifft, so ist zu Recht bemerkt worden, daß Meshullams Reisebericht in gewisser Weise ein neues Kapitel in der Geschichte hebräischer Reiseberichte aufschlägt.[45] Dies steht nicht im Widerspruch zu der Tatsache, daß Meshullam durchaus auch mit den mittelalterlichen Traditionen dieser Gattung vertraut war, die sich erst im 12. Jahrhundert auszuformen begonnen hatte. Als bekanntester mittelalterlicher Vertreter des Genres gilt der spanische Jude Benjamin von Tudela (zweite Hälfte des 12. Jahrhunderts).[46] Der Bericht des Benjamin von Tudela, dessen Reise aus Spanien über Palästina bis nach Bagdad (ca. 1165–1173) geführt hatte, wurde auf jüdischer Seite von nachfolgenden Generationen viel gelesen. Doch im Unterschied zu Benjamin von Tudela, in dessen Bericht die Grenze zwischen eigenem Erlebnis und gelehrter Imagination mitunter verschwimmt (sein Reisebericht enthält Ausführungen zu Indien und China, die nicht auf eigener Anschauung beruhen), ging es Meshullam knapp dreihundert Jahre später nicht darum, eine primär an der Beschreibung und Glorifizierung der jüdischen Gemeinden ausgerichtete Reisechronik vorzulegen.[47] Auch eine systematische, auf gründlicher philologischer und geographischer Expertise beruhende Topographie des Heiligen Landes, wie sie der aus der Provence stammende Eshtori ha-Parchi (1280–1355?) nach mehrjährigem Aufenthalt in Palästina in seinem *Sefer kaftor va-*

ferach (1322) vorlegte, lag offenkundig nicht in der Absicht unseres Autors.[48] Auf der anderen Seite wollte sich Meshullam nicht mit einer »heiligen Archäologie« (Joseph Shatzmiller) begnügen, also der lapidaren, listenartigen Aufzählung von Heiligen Stätten, wie sie sich, ungeachtet der bescheidenen literarischen Qualitäten, einer beträchtlichen Beliebtheit unter Juden des ausgehenden Mittelalters erfreute.[49]

Vor diesem Hintergrund wird besonders deutlich, was Meshullams Reisebericht auszeichnet, nämlich eine von Neugier und einem »ethnographischen« Sinn zeugende Beobachtungsgabe, die sich nicht in der Beschreibung heiliger Stätten und Gegenstände erschöpft. Auffallend ist überdies, daß es sich bei unserer Quelle nicht um einen Brief handelt, wie dies bei den meisten Reisebeschreibungen von italienischen Juden der Fall ist, die im 15. und 16. Jahrhundert ins Heilige Land reisten und sich dort wie der Rabbiner Ovadia di Bertinoro niederließen.[50] Die Briefe dieser Auswanderer in die alte Heimat Italien erinnern oftmals an Sendschreiben. Den inhaltlichen Facettenreichtum von Meshullams Text, der Elemente von Reisebericht, Vademecum und Landeskunde vereint, erreichen sie kaum. Wir verdanken Meshullams ausgeprägter Beobachtungsgabe eine Fülle von Informationen über Politik, Wirtschaft, Gesellschaft und Alltag im venezianisch dominierten Mittelmeerraum sowie im späten Mamlukenreich. Die Sitten und Bräuche des Orients, die fremde Flora und Fauna, der Alltag auf hoher See, das militärische und politische Zeitgeschehen, die Fülle unbekannter oder kostbarer Waren sowie deren Preise, nicht zuletzt aber auch das Schicksal seiner jüdischen Glaubensbrüder an den zahlreichen Stationen seiner Reise – all dies beschreibt Meshullam mit einem scharfen, mitunter auch kritischen Blick und an manchen Stellen mit bemerkenswerter Erzählfreude. Nicht selten gelangte der Reisende in seinem Beschreibungsdrang dabei an die Grenzen der Ausdrucksmöglichkeiten der damaligen hebräischen Sprache. In der Tat haben, wenngleich in hebräischer Umschrift, über einhundertfünfzig italienische Wörter Eingang in den Text gefunden, deren Spektrum von nautischen Fachbegriffen bis hin zu Gegenständen des alltäglichen Lebens reicht.

Es dürfte die hier skizzierte Vielschichtigkeit des Reiseberichts sein, die uns in heutiger Zeit »modern« erscheint und manchen Fachmann zu dem Urteil veranlaßt hat, Meshullam sei eher dem Blickwinkel eines nüchternen Kaufmanns als dem eines gelehrten Rabbiners oder gewöhnlichen Pilgers verpflichtet gewesen.[51] Einmal ist Meshullam sogar als ein jüdischer »Machiavelli in Jerusalem« bezeichnet worden.[52] Wie bereits angedeutet, entfernte er sich in der Tat bei der Konzeption seines Textes von einigen bis dato die Gattung des hebräischen Reiseberichts prägenden Traditionen. Auffallend ist zudem, daß unser Reisender sich beispielsweise vollkommen über die Thematik der zehn verlorenen Stämme ausschweigt: eine Thematik, die in den Berichten (und in der Imagination) der meisten jüdischen Palästinareisenden eine prominente, oft auch eschatologisch überhöhte Rolle spielt.[53] Woher dieses Schweigen Meshullams rührt, läßt sich nicht mit Gewißheit beantworten. Gleichwohl wäre es kurzsichtig, daraus abzuleiten, dem vorliegenden Text sei die sakrale Grundierung abhanden gekommen.

Im Unterschied zu allen bisherigen Editionen und Übersetzungen des Reiseberichts ist im Rahmen der vorliegenden Ausgabe erstmals systematisch der Versuch unternommen worden, sämtliche Zitate aus der Bibel und der rabbinischen Literatur im Text nachzuweisen. Wurden in den bisherigen Ausgaben nur eine Handvoll solcher Stellen identifiziert, so lassen sich jetzt knapp hundert entsprechende Zitate, Paraphrasen und Anspielungen aufzeigen. Der Nachweis ist freilich kein philologischer Selbstzweck. Vielmehr werden einige Passagen des Reiseberichts überhaupt erst im Lichte solcher intertextuellen Bezüge verständlich und damit übersetzbar.[54] Zudem dürfte angesichts der kunstvollen Einflechtung biblischer und rabbinischer Zitate endgültig die These[55] entkräftet sein, Meshullams Reisebericht sei zunächst auf italienisch verfaßt und dann erst ins Hebräische übersetzt worden: Die sprachliche Mehrschichtigkeit der hebräischen Fassung kann nicht auf dem Weg einer Übersetzung zustande gekommen sein. Solche Mehrschichtigkeit ist zwar charakteristisch für die hebräische Literatur dieser Zeit, hingegen ist sie in den christlichen Reiseberichten derselben Epoche vergleichsweise selten und findet sich noch am ehesten in den lateinischen Berichten geistlicher Pilger. Die Intertextualität in Meshullams Reisebericht war allerdings nicht nur Konvention, sondern korrelierte auch mit der Komplexität seiner Wirklichkeitserfahrung. Es wäre schon deswegen eine Verkürzung zu behaupten, Meshullam habe das sakrale Moment der Wallfahrt gegen den nüchternen Realitätssinn des Geschäftsmanns ausgetauscht. Vielmehr sind beide Erfahrungsebenen im Text miteinander verschränkt. Oft sind es, wie wir noch sehen werden, gerade die Sprache und der Erfahrungsschatz der jüdischen Überlieferung, die es ermöglichen, der ungewohnten Wirklichkeit – im Alltag ebenso wie auf dem Papier – Herr zu werden oder sie zumindest annäherungsweise zu erfassen. Bedenkt man zudem, daß der Autor Meshullam gegenüber seinen Lesern großen Wert auf die Glaubwürdigkeit seiner Schilderungen legte, lag es nach damaligem Verständnis nahe, sich nicht nur mit – im Text zahlreich vorhandenen – Schwüren und Hinweisen auf die eigene Augenzeugenschaft gegen Kritik zu feien, sondern gerade auch durch die Rückbindung an die schriftliche und mündliche Tora. So gilt es zu bedenken, daß unter islamischer Herrschaft den Juden ebenso wie Christen der Zugang zu mancher heiligen Stätte untersagt war.[56] In solchen Fällen war es also nicht der eigene Augenschein, sondern der Rekurs auf heilige und theologische Schriften, der die Anschauung stiften mußte. Zwar erwähnt Meshullam, daß die Jüdinnen von Hebron mitunter das Gesicht mit einem schwarzen Schleier verdeckten und somit als vermeintlich muslimische Frauen Zugang in die Moschee bei den Patriarchengräbern erhielten. Für unseren Reisenden, einen auswärtigen und der Landessprache nicht mächtigen Mann, kam diese Möglichkeit allerdings nicht in Betracht. Wie im Falle der allermeisten europäischen Reisenden und Pilger dieser Zeit müssen wir auch bei Meshullam annehmen, daß er beispielsweise heilige Stätten der Muslime, wie etwa den Felsendom, nur von außen gesehen hat. Schaut man sich Meshullams Beschreibung des sog. Gründungssteins im Felsendom genauer an, läßt sich in der Tat feststellen, daß hier nicht die eigene Anschauung, sondern vielmehr die Schilderung aus der *Mishna* (Yoma 5:2) wörtlich zugrunde liegt.

*Glaub*würdigkeit hatte nach damaliger Vorstellung in erheblichem Maße mit *Glauben* zu tun, und dies galt für die jüdische ebenso wie für die christliche Seite.[57] Es möge an dieser Stelle der Hinweis genügen, daß einer der berühmtesten italienischen Palästinareisenden, von dem uns ein vielgelesener Reisebericht erhalten geblieben ist, niemals einen Fuß ins Heilige Land gesetzt hat: Es handelt sich um niemand Geringeren als Francesco Petrarca, der nach eigenem Bekunden die Seekrankheit mehr fürchtete als den Tod. Er zog es daher vor, Palästina anhand der Heiligen Schrift sowie antiker Quellen im Geiste zu bereisen. Dabei dürfte es weder ihm noch seinen Zeitgenossen als Widerspruch erschienen sein, daß das literarische Produkt dieser imaginierten Reise als *glaubwürdiger* Reiseführer einen Freund des Dichters auf einer realen Pilgerreise begleiten sollte.[58]

Es ist also vor dem Hintergrund der hier skizzierten Überlegungen geboten, vorschnelle Kategorisierungen der vorliegenden Quelle zu vermeiden. Die Frage, ob Meshullam ein Reisender an der Schwelle vom Pilger zum modernen Touristen war,[59] sei daher dahingestellt. Ebenso müssen wir uns nicht darüber wundern, daß der in geschäftlichen Dingen höchst realistisch denkende Reisende im Angesicht Jerusalems für messianische Gedanken durchaus empfänglich gewesen zu sein scheint.[60] Wallfahrt und Geschäft schlossen sich in Meshullams Weltsicht nicht aus, zumal beider Gelingen letztlich in der Hand Gottes lag. Was der Historiker Arnold Esch mit Blick auf die Reiseberichte christlicher Zeitgenossen festgestellt hat, gilt auch für unsere Quelle: »Wo schierer Augenschein vorzuliegen scheint, muß mythisches Denken nicht schon von Empirie überwunden worden sein.«[61]

Außer Frage steht, daß Meshullam ein frommer Jude war. Kein Leser wird übersehen können, mit welcher Empathie und Beständigkeit er die Lebensbedingungen und das Brauchtum der Juden an den verschiedenen Stationen seiner Reise schildert. Vor diesem Hintergrund kann es nicht erstaunen, daß der Reisende trotz seiner neugierigen Einblicke in die fremde Kultur der Muslime und trotz seiner zeitweiligen Reise auf einem christlichen Pilgerschiff keineswegs an Polemik gegenüber den beiden anderen großen monotheistischen Religionen spart. Wenn wir heute von der Annahme ausgehen, daß das Reisen und die Begegnung mit fremden Kulturen der Toleranz förderlich sei, dann sollten wir diese Prämisse nicht vorschnell auf die Frühe Neuzeit übertragen (ganz abgesehen von der Frage, ob der Begriff der Toleranz in diesem Kontext nicht ohnehin als ahistorisch gelten muß).[62] Wie bereits weiter oben erwähnt, befanden sich Juden bei der Reise ins Heilige Land in besonderer Weise zwischen den Fronten von Islam und Christentum. Was seine Abneigung gegen den Islam und die mit »Schweinen« verglichenen Muslime angeht, lag Meshullam ganz auf einer Linie mit seinen christlichen Mitreisenden und deren Rhetorik. Seine Bemerkungen zum Christentum wirken demgegenüber weniger harsch und orientieren sich eher an klassischen Topoi der jüdischen antichristlichen Polemik. Gleichwohl kann die Antipathie nicht übersehen werden, etwa wenn Meshullam von den christlichen Pilgern als »bösen Menschen« spricht.

In Meshullams Fall gilt es weiter zu berücksichtigen, daß er bereits als junger Mann negative Erfahrungen mit dem Christentum gemacht hatte. Wie aus archivalischen Quellen, die allerdings noch einer gründlichen Untersuchung harren, hervorgeht, waren Meshullams Vater und Bruder ebenso wie er selbst in den 1460er Jahren in Volterra beschuldigt worden, blasphemische (d.h. antichristliche) Bücher erworben und verbreitet zu haben. In diesem Zusammenhang wurde sogar der Ritualmordvorwurf gegen die Beschuldigten erhoben. Meshullams Familie kam damals mit einer Geldstrafe davon.[63] Meshullam blieb auch als Erwachsener immer wieder mit den Nachrichten von christlichen Repressalien gegen seine Glaubensbrüder konfrontiert. Wenige Jahre vor seiner Abreise ins Heilige Land hatte der Ritualmordvorwurf von Trient (1475) die jüdischen Gemeinden weit über Italien hinaus erschüttert.[64] Auch nach seiner Rückkehr kam es immer wieder zu krisenhaften Situationen, darunter die erwähnte Auferlegung einer Sonderabgabe. Und wie wir gesehen haben, mußte Meshullam bei seiner zweiten Fahrt in den Orient angesichts der Feindseligkeit der christlichen Schiffsbesatzung schließlich sogar das Schiff verlassen. Spätestens nach der Rückkehr von dieser zweiten Orientreise sollte sich im übrigen allmählich auch die Situation für seine Familie in der heimatlichen Toskana verschlechtern. Die wirtschaftlichen Geschicke der Familie hatten, offenbar nicht zuletzt durch Spielschulden einer seiner Brüder, ohnehin gelitten, wurden aber noch erheblich beeinträchtigt, als kurz vor der Jahrhundertwende ein *Monte di Pietà* (also ein von Christen und mit dem Segen der Kirche betriebenes Pfandleihgeschäft) in Volterra eröffnete. Dies machte der im Geldverleih konzessionierten jüdischen Familie die weitere Betätigung in diesem Geschäftszweig zunehmend schwerer und drängte sie vollends in den Edelsteinhandel ab.[65] Meshullam war zu diesem Zeitpunkt noch am Leben, und wir wissen auch, daß er im Jahre 1502 Zeuge der Konversion seines ältesten Sohnes wurde. Da Meshullams Todesjahr ungeklärt ist, bleibt offen, ob er auch noch erleben mußte, wie seine zwei weiteren Kinder in den folgenden Jahren ebenfalls zum Christentum übertraten.[66]

Fragen wir abschließend, wie sich Meshullams Reisebericht in den skizzierten, allgemeinen Hintergrund der spätmittelalterlichen Palästinaliteratur einordnen läßt. Wie wir bereits gesehen haben, fällt Meshullams Bericht im jüdischen Kontext in mancher Hinsicht aus dem Rahmen. Er markiert zwar innerhalb der Gattung keine radikale Zäsur, aber stellt stilistisch wie inhaltlich eine Synthese zwischen der für ältere Gattungstraditionen typischen sakralen Zentrierung einerseits und einer neuartigen Beschreibung individuellen Erlebens anderseits dar. Mit anderen, der Literaturwissenschaft entlehnten Begriffen: Meshullams Reisebericht verschränkt auf in der jüdischen Reiseliteratur neuartige und kunstvolle Weise *Toposwissen* und *Beobachtungswissen*.[67] Um einen Vergleich mit den einschlägigen christlichen Reiseberichten zu ziehen, genügt es freilich nicht, das Augenmerk auf die besondere Stellung unseres Berichts im jüdischen Kontext zu richten. Besonders deutlich wird dies bei der Frage des Umfangs: Im Kontext der jüdischen Reiseliteratur handelt es sich bei Meshullams Text um einen relativ langen und ausführlichen Bericht, im Vergleich aber mit den christlichen Reisebüchern eines Anselm Adorno oder Arnold von Harff, um von dem regelrecht schreibwütigen Felix Fabri zu schweigen, nimmt sich der Umfang unserer Quelle recht bescheiden aus. Gleichwohl steht die Behauptung im Raum, Meshullams Itinerar unterscheide sich de facto kaum von zeitgenössischen christlichen Reiseberichten.[68] Um diese Behauptung zu überprüfen, gilt es zunächst zu klären, welches überhaupt die Charakteristika christlicher Reiseberichte dieser Zeit sind. Christiane Hippler hat vor einigen Jahren in einer literaturwissenschaftlich angelegten Studie auf den ausgeprägten Schematismus in den erhaltenen Berichten christlicher Heiliglandfahrer hingewiesen. Ihre Feststellung bezieht sich nicht nur auf den Aufbau der Berichte, der durch die recht überschaubare Zahl der möglichen Reiserouten und -stationen in der Tat vorgegeben war, sondern auch auf die jeweiligen Beobachtungen, die von verschiedenen Reisenden oftmals auf auffallend ähnliche, teilweise fast wörtlich identische Weise beschrieben werden.[69] So versäumte kaum ein Heiliglandfahrer, der durch Ägypten reiste, die Brutöfen von Kairo zu erwähnen oder die Krokodile im Nil zu beschreiben.[70] Auch Meshullam macht in dieser Hinsicht keine Ausnahme, wenngleich dies den Bezug auf nichtjüdisches Schrifttum erforderte, im Falle der Krokodile beispielsweise auf die einschlägige Schilderung von Plinius d. Ä.

Hier tritt ein Grund für den Schematismus spätmittelalterlicher und frühneuzeitlicher Reiseberichte zutage: Der große Respekt der Reisenden wie überhaupt der meisten Zeitgenossen vor den Autoritäten des damaligen Wissenskanons. Dieser Kanon umfaßte auf christlicher Seite natürlich die Kirchenväter und spätere theologische Koryphäen. Das Abschreiben war in diesem Zusammenhang kein Lapsus, sondern eher schon fromme Übung oder jedenfalls Ausdruck der eigenen Beflissenheit und Glaubwürdigkeit. Zumindest mit Blick auf christliche Reisende ist ein weiterer Grund für den erwähnten Schematismus auszumachen: Die Reise ins Heilige Land war von zahlreichen Konventionen und Ritualen geprägt, die nicht zuletzt durch die Pilgerführerliteratur noch tradiert wurden.[71] So orientierten sich christliche Reisende bei der Besichtigung Jerusalems stark an der Prozessionsordnung der dort ansässigen, man darf sagen, routinierten Franziskaner. Insbesondere die Heiliglandfahrten der christlichen Adligen, die sich in der Grabeskirche zum Ritter schlagen ließen, sowie der geistlichen Pilger wiesen einen in hohem Maße standardisierten Verlauf auf, der sich nicht zuletzt in der »geistlichen Buchhaltung« der überlieferten Berichte niederschlägt: Der überwiegende Teil der erhaltenen christlichen Reiseberichte zielt primär darauf ab, eine fromme Ritter- oder Pilgerfahrt zu dokumentieren, die Höhe des dafür zu erwartenden himmlischen Lohns festzuhalten und die Erinnerung an die um des Glaubens willen unternommene Reise an die Nachkommen weiterzugeben.[72] Die mitunter geradezu tabellarische und durch graphische Zeichen noch verknappte Auflistung der im Heiligen Land erworbenen Ablässe und Reliquien ist für den heutigen Leser christlicher Reiseberichte zwar oftmals ermüdend, vermittelt aber eine Vorstellung davon, wie die Pilger förmlich von einer heiligen Stätte zur nächsten hetzten, zumal die Schiffspatrone, soweit sie vor dem damals unbedeutenden Jaffa ankerten, häufig auf eine rasche Rückreise drängten.[73]

Ausnahmen bestätigen die Regel: Christliche Reisende wie der Dominikanermönch Felix Fabri oder der niederadlige Ritter Arnold von Harff haben uns durchaus Berichte von großer, sich unmittelbar erschließender Individualität hinterlassen. Auch kann vermutet werden, daß die Mehrheit der christlichen Autoren theoretisch zu solchen individuellen Beschreibungen in der Lage gewesen wäre.[74] Allerdings war in der Praxis die individuelle Ausgestaltung des Berichts aus den erwähnten Gründen in der Regel nicht die Priorität der spätmittelalterlichen Verfasser. Vielmehr bevorzugten die Autoren offenbar, persönliche Eindrücke weitgehend dem mündlichen Bericht nach der Rückkehr vorzubehalten.[75] Für die breite Masse der erhaltenen schriftlichen Palästinaberichte gilt, daß individuelle Momente im Text am ehesten dann hervortreten, wenn ein Vergleich mit Parallelberichten möglich ist, wenn uns also der Bericht von mindestens einem weiteren Mitreisenden, etwa auf demselben Schiff, in derselben Reisegruppe zu Land usf., vorliegt – was angesichts der damaligen Reisebedingungen durchaus vorkommt und dem Historiker eine faszinierende Versuchsanordnung ermöglicht.[76]

Wir können einige dieser allgemeinen Beobachtungen auf die Berichte aus der Feder jüdischer Reisender übertragen. Keiner der jüdischen Reisenden des 15. Jahrhunderts hatte jedenfalls die Absicht, ein persönliches (Reise-)Tagebuch im heutigen Sinne zu verfassen. Fast immer finden sich vielmehr schon in den Texten selber – so auch bei Meshullam – explizite Hinweise auf eine antizipierte, teils direkt angesprochene Leserschaft, die von den frommen Motiven der Fahrt in Kenntnis gesetzt und gegebenenfalls mit Ratschlägen für zukünftige Reisen versorgt wird. Zwar fehlen in den Berichten und Briefen jüdischer Reisender naturgemäß fast alle Hinweise auf christliche Pilgerstätten, und ebenso entfallen die peniblen Ablaßverzeichnisse und Reliquienbeschreibungen. Dafür finden wir in aller Regel, wie es auch bei unserem Reisenden der Fall ist, eingehende Beschreibungen der Gräber biblischer Propheten und nachbiblischer Gelehrter sowie der Wunder, die an diesen Orten gewirkt worden sein sollen. Haben wir es also in der Tat bei den Berichten eines Meshullam da Volterra oder eines Ovadia di Bertinoro letztlich mit der jüdischen Entsprechung eines christlichen Genres zu tun? Vordergründig betrachtet: ja.

Einen bedeutsamen Unterschied macht allerdings die Sprache. Damit ist nicht das triviale Faktum gemeint, daß die jüdischen Reiseberichte in hebräischer Sprache verfaßt wurden und damit den allermeisten christlichen Lesern unzugänglich waren. Auf den ersten Blick könnten die vielen eingestreuten italienischen Termini ja vielmehr als

Indiz dafür aufgefaßt werden, ein Reisender wie Meshullam habe das Hebräische im Grunde als eine Einschränkung seiner Ausdrucksmöglichkeiten empfunden. Überdies war unser Reisender gegen grammatische Fehler im Hebräischen keineswegs gefeit. Gleichwohl war es gerade die hebräische Sprache, die ihm erlaubte, die eigenen Ausdrucksmöglichkeiten zu erweitern. Die Fülle der biblischen Zitate und Wendungen versetzte ihn, wie wir gesehen haben, in die Lage, der Beschreibung der neuen und exotischen Wirklichkeit des Orients eine vertraute Struktur zu verleihen und sie buchstäblich in Worte zu fassen. Dies ließe sich freilich auch über die Verwendung und Funktion von Zitaten in christlichen Reiseberichten sagen. Allerdings kommen für eine solche Behauptung fast nur die lateinischen Reiseberichte in Frage, die meist aus der Feder geistlicher Pilger stammen und in der spätmittelalterlichen Reiseliteratur nur einen kleinen Teil ausmachen. Einen christlichen Bankier und Edelsteinhändler hingegen, dem ein solches Spektrum von sprachlichen Registern wie Meshullam zur Verfügung stand, wird man eher als Ausnahme betrachten müssen.[77] Auch wären einem solchen christlichen Geschäftsmann, soweit er in der Volkssprache geschrieben hätte, bei der Verwendung des Bibeltexts theologische Grenzen gesetzt gewesen. Auf jüdischer Seite existierten solche theologischen Bedenken nicht, vielmehr war die heilige Sprache dem Geldverleiher nicht weniger nah als dem Rabbiner – höchstens weniger vertraut. Es würde zu kurz greifen, Meshullams Rekurs auf die Sprache der Bibel einzig als eine Demonstration der Beflissenheit des Autors abzutun, oder gar als eitlen Wunsch, einen ganz und gar durchgeistigten Text zu verfassen. Dem steht allein schon die Beobachtung entgegen, daß die Stilhöhe des Reiseberichts keineswegs einheitlich ist. Auch kommt Italienisch mitnichten nur dort ins Spiel, wo Meshullam die (hebräischen) Worte ausgehen. Vielmehr werden beispielsweise auch eine Reihe von Alltagsgegenständen mit italienischen Worten bezeichnet, obgleich ein geläufiges Pendant auf hebräisch damals wie heute existierte und unserem Reisenden auch bekannt war (so zum Beispiel für ›Insel‹: italienisch *isola* statt hebräisch *'i*). Auch beim Vergleich von Bauwerken und Landschaften sind es nicht immer die Bibel und ihre Sprache, die als Referenz dienen.[78] Vielmehr fungiert hier die vertraute italienische Heimat als Maßstab: Kairo ist so groß wie acht norditalienische Städte, ein Obelisk in Alexandria so hoch wie derjenige in Rom, die Berge auf dem Weg nach Damaskus so gewaltig wie der Apennin bei Bologna. Die fremdartigen ägyptischen Pyramiden wiederum haben für unseren Reisenden eine diamantartige Form – und dies nicht etwa, weil es sich bei Meshullam um einen Edelsteinhändler handelt, sondern weil dem an Prunk geschulten Auge italienischer Reisender diese Assoziation offenbar zuerst zu kommen pflegte. Hingegen vergleichen Reisende von nördlich der Alpen die Pyramiden oftmals etwas unbeholfen als »Türme mit spitzem Dach«.[79]

Dort allerdings, wo vor der fremden Kulisse des Orients Dramatik aufzieht, gewinnen das Erleben und die Schilderung unseres Reisenden oftmals eine biblische Dimension, in der die hebräische Sprache den Assoziations- und Erfahrungshorizont des Autors weitet: Die Beschreibung des Überfalls der Seeräuber weckt Assoziationen zum Untergang der gegen Moses rebellierenden »Rotte Korach«, die Begegnung mit einem zehntausend Mann starken Mamlukenheer erinnert an die Eroberung Jerichos und das Beinahe-Ertrinken führt dem Reisenden das Schicksal des Propheten Jona vor Augen.

Es lohnt sich also, nicht so sehr zu untersuchen, *was* ein damaliger Reisender im Verlauf der Reise sah, sondern *wie* er es sah und *welcher* sprachlichen Mittel er sich bediente, um sein Erlebnis auszudrücken.[80] Erst auf diese Weise kann eine Annäherung an das gelingen, was Arnold Esch die spezifische »Optik« der damaligen Reisenden nennt, das heißt die »individuelle und kollektive Vorstellungs- und Erfahrungswelt dieser Menschen«.[81] In der Tat: *Was* Meshullam auf seiner Reise sah, darüber kann man in den meisten Fällen auch bei anderen zeitgenössischen Autoren eine Beschreibung finden. *Wie* er die Welt auf seiner Reise sah, das hebt ihn hingegen von der Mehrheit der damaligen christlichen Reisenden ab. Denn Meshullam beherrschte, was ihn vom Gros der zeitgenössischen Pilger unterscheidet und seine Optik bereichert, mehrere Sprachen und Sprachregister. Diese Mehrsprachigkeit und den damit verbundenen Reichtum an Assoziationen wußte er in seinem Text gezielt einzusetzen.

Die sakrale biblische Sprache, die durchaus nicht kongruent mit dem Hebräisch des 15. Jahrhundert ist, war eine dieser Sprachen. Er griff nicht zuletzt auf sie zurück, um persönliche Emotionen oder dramatische Erfahrungen zu kontextualisieren, ja zu transzendieren – und damit erzählenswert und erzählbar zu machen. Das Verfahren selbst ist zwar, wie erwähnt, typisch für die hebräische Literatur des Mittelalters und der Frühen Neuzeit, im Vergleich mit dem Großteil der zeitgenössischen christlichen Reiseliteratur tritt es aber besonders hervor. Dieses Merkmal von Meshullams Text hilft vielleicht auch zu erklären, weshalb sich etwas in unserer Quelle findet, was uns bei weitem nicht in allen spätmittelalterlichen Reiseberichten begegnet, nämlich der recht freimütige Bericht unseres Reisenden über Verzweiflung, Ängste, Hoffnungen und Momente der Freude. Mit einem Wort: über Emotionen (und nicht nur die eigenen). In der Tat fehlen Meshullam in solchen Zusammenhängen buchstäblich nicht die Worte. Gewiß, sein Reisebericht enthält, der christlichen Reiseliteratur vergleichbar, durchaus auch Abschnitte, die an eine »geistliche Buchführung« mit ihren gleichförmigen Aufzählungen von heiligen Stätten und Gräbern erinnern. Dieser Aspekt drängt sich bei der Lektüre allerdings nicht in den Vordergrund.[82] Vielmehr kann und sollte der heutige Leser den Reisebericht auch als ein »Ego-Dokument« lesen – in diesem Fall als ein vielschichtiges Selbstzeugnis, das uns nicht nur über einen Reisenden zwischen mehreren Ländern, sondern über einen Menschen zwischen mehreren Welten und Sprachen unterrichtet.

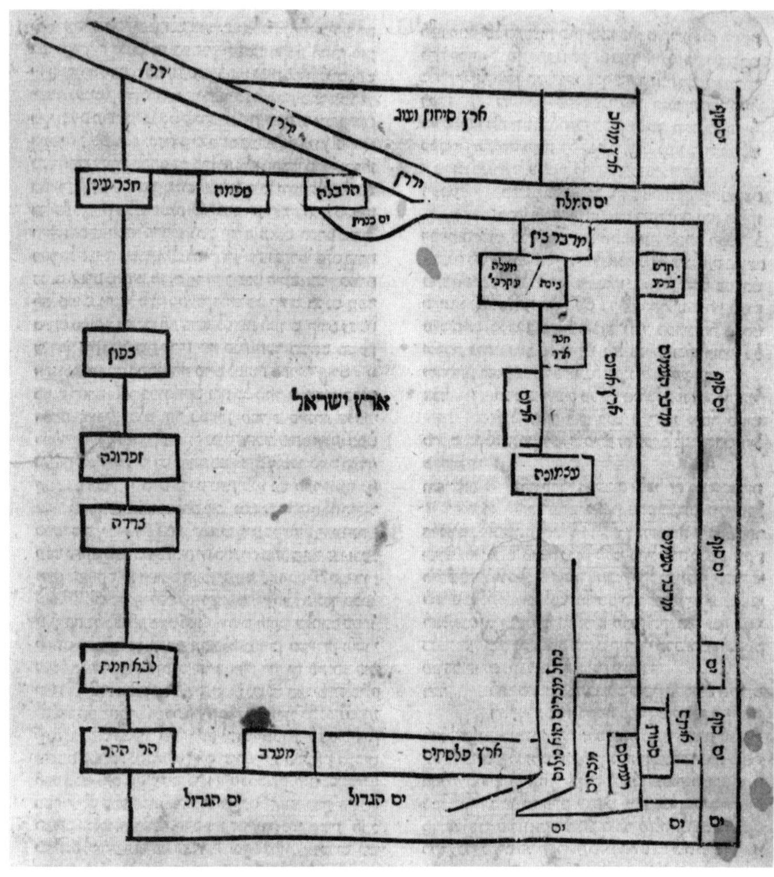

Abb. 2: Das Heilige Land in einer hebräischen Holzschnittkarte von Elia ben Abraham Mizrachi, gedruckt 1545 in Venedig. Der Autor dieser Karte war ein Zeitgenosse Meshullams. Typisch für vormoderne hebräische Karten des Heiligen Landes ist die schematische, geradezu geometrische Darstellung. Das kartographische Wissen über das Heilige Land war auf jüdischer Seite stark am Text des Alten Testaments orientiert.

Der Reisebericht des Meshullam da Volterra (1481)

Seegefecht vor Rhodos*

Am Montag, dem 28. desselben Monats[1], erblickte ich auf der rechten Seite eine Insel mit Namen Nisoli[2] sowie eine Insel mit Namen Sinbia[3]. Dort bemerkten wir vier große Schiffe, die uns entgegenkamen: Zwei von ihnen trennten sich von der Flotte und segelten Richtung Kreta, die zwei anderen Schiffe kamen uns entgegen. Am selben Tag zur zweiten Stunde[4] sahen wir, daß diese beiden Schiffe auf uns zusteuerten. Das eine faßte 1800, das andere 1200 Fässer. Wir bemerkten, daß alle Schiffe ›abgedeckt‹ wurden, das heißt, man brachte die Waffen an Bord in Stellung[5], so wie es üblich ist. Auch wir machten es so und stellten auf dem ganzen Schiff Planken, Taue und die Artillerie bereit. Die Wachhabenden gingen auf ihren Posten in Deckung[6]. So will es der Brauch.

An diesem Tag war es so gut wie windstill. Und während die Schiffe näher kamen, ließ unser Schiffsherr, wie es sich gebührt, das Banner des heiligen Georg[7] hissen um anzuzeigen, daß er Genuese war. Unterdessen segelten alle Schiffe immer näher an einem Punkt aufeinander zu, an dem sich auf der rechten Seite zwei Inseln befinden: Die eine heißt Castel Gioreo [?][8] und die andere heißt Longo[9]. Longo hat nur einen einzigen Herrscher, und dieser untersteht der Herrschaft von Rhodos. Während die beiden Schiffe immer näher auf uns zukamen, gaben sie kein erkennbares Zeichen. Das kleinere Schiff kam, mit Geschützen[10] bewaffnet, auf uns zu, ohne daß man ein Wort mit uns wechselte. Sie begannen uns anzugreifen, wobei beide Schiffe sich auf derselben Seite befanden, so daß wir annahmen, es handele sich um katalanische Pira-

---

* Die vorangegangenen Teile des Reiseberichts sind nicht erhalten (siehe Einleitung, S. 11).

ten. Das Gefecht dauerte zwei Stunden und gewann an Heftigkeit. Schließlich riefen sie zu uns herüber: »Wir sind Venezianer und Kommandanten der venezianischen Armada. Weshalb habt Ihr die Segel nicht gestrichen, wie es sich ziemt?« Die beiden Schiffe führten fünfhundert Mann Besatzung mit sich, die allesamt kriegserprobt waren. Es handelte sich ja um Schiffe der Armada. Davon standen 120 Mann zwischen Geschützen[11] und Armbrüsten[12], wobei auf dem größeren Schiff zudem eine Armbrust im Ausguck angebracht war. Heck und Bug sowie die Masten waren ebenso hoch wie bei unserem Schiff. Als Schiffe der Armada waren sie von vornherein hoch gebaut, allerdings weniger robust als unser Schiff. Auf den Schiffen befand sich nichts außer Kriegsgerät. Sie beförderten keine Waren. Als unser Patron[13] von ihren Worten und davon erfuhr, daß sie Venezianer waren sowie zur Armada gehörten und daß ihr Anführer *Messer*[14] Federigo Giustiniano hieß, rief er seinen Schiffsschreiber[15] herbei und sprach in Gegenwart von Zeugen zu ihm: »Ihr sollt bezeugen, was ich nun sagen werde.« Und dies waren seine Worte: »Du bist also ein Kommandant aus Venedig? Nein, Du bist nichts als der Anführer einer Rotte von Sarazenen[16] und Räubern. Die Venezianer würden keine solchen Missetaten begehen. Und selbst wenn Du behauptest, ich hätte die Segel nicht gestrichen, wie es sich ziemt, so hast Du gegen Deine Pflicht verstoßen, das Banner des heiligen Markus zu hissen. Zudem hast Du kein Wort mit uns gewechselt, sondern uns heimlich aufgelauert und angegriffen. Selbst die türkischen und übrigen ismaelitischen[17] Piraten würden niemals auf ein Schiff zusteuern, ohne vorher zu rufen und das Streichen der Segel zu befehlen. Ich habe Dich nicht erkannt, und selbst wenn ich Euch erkannt hätte, hätte ich vorgegeben, Euch nicht zu kennen, denn ich wußte, daß Ihr keine Piraten seid. Die Gesetze Venedigs aber verlangen, sofort die Segel zu streichen. Ihr habt dies jedoch nicht getan und habt mich stattdessen wie Räuber überfallen. Deshalb warne ich Euch davor, Schaden anzurichten oder Kosten zu verursachen. Ich habe nicht vor, die Segel zu streichen, da Ihr Euch nicht an Eure Pflicht gehalten habt. Und wenn Ihr mit mir kämpfen wollt, dann werde auch ich mit Euch kämpfen, aber vor dem HERRN und vor [der Republik] Venedig wird mich keine Schuld treffen, denn Ihr tragt die Verantwortung und seid die Räuber. Wenn Ihr auf Frieden sinnt, sinne auch ich auf Frieden; aber auf gar keinen Fall bin ich bereit, die Segel zu streichen.« Dies waren seine Worte, die man, wie üblich, im Beisein von Zeugen niederschrieb. Auf diese Weise wurde der Protest offiziell eingelegt.

Als Messer Federigo Giustiniano von den Worten und der Warnung unseres Schiffsherrn erfuhr, *überkam ihn eine große Furcht*[18], daß unser Schiffsherr ihn vor ein venezianisches Gericht bringen und seine Sichtweise öffentlich kundtun werde. Daraufhin entfernten sich die beiden Schiffe ein wenig von uns, in der Absicht, uns anzugreifen. Aber unser Schiffsherr war ein kluger Mann: Er durchschaute die List und kam ihnen zuvor. Wir griffen ihr kleineres Schiff an, so daß es beinahe gesunken wäre. Und ihr *schifo*[19] ging durch ein Steingeschoß unserer Mastwache unter. Obgleich unsere Gegner nicht von unserem Schiff ablassen wollten, achtzig Mann auf unserer Seite und fünfhundert auf ihrer, war ihr kleines Schiff doch bereits verloren. Als die Besatzung des großen Schiffes dies begriff, steuerten sie von der anderen Seite auf uns zu. Beide Schiffe näherten sich einander an, und die Besatzungen warfen sich gegenseitig Eisenketten zu, so daß alle drei Schiffe immer näher zusammenrückten, wobei sich unser Schiff in der Mitte befand. Das Gefecht nahm an Heftigkeit zu. Auch mit Feuer wurde nun geworfen. Das Ergebnis war, daß alle unsere wie auch ihre Segel in Feuer aufgingen. An diesem Tag starben auf ihren Schiffen 63 Menschen und zehn auf unserer Seite. Überdies gab es auf beiden Seiten sehr viele Verletzte, vor allem in ihren Reihen. Denn sie waren zahlreich, und ihre Schiffe waren kleiner. Aber auch weil die Genuesen [den Venezianern] bei der Kriegsführung zur See überlegen sind. Unsere Gegner hatten den Entschluß gefaßt, uns alle umzubringen: Niemand sollte am Leben bleiben, der bezeugen könnte, wie sie gegen ihre Pflicht verstießen, als sie die Fahne des heiligen Markus nicht hißten, wie es üblich und vom Gesetz vorgeschrieben ist. Die Kämpfe dauerten ohne Unterbrechung bis zur zweiten Stunde der Nacht[20] an: Ein solches Gefecht hat man bis zum heutigen Tag nicht gesehen.

Und als die zweite Stunde der Nacht anbrach, wurde ihnen klar, daß keine Aussicht bestand, uns zu bezwingen. Überdies befand sich auf ihrem großen Schiff ein Händler aus Genua namens Messer Giovanni Battista. Dieser nahm ihren Kommandanten zur Seite und sprach: »Es ziemt sich nicht, so zu handeln. Leg diese Last auf meine Schultern: Ich werde dieses Unheil beendigen und einen Kompromiß zwischen Euch finden.« Daraufhin rief man zu unserem Schiff herüber, und der Genuese rief nach dem Bruder unseres Patrons, der Franco heißt, ein ebenfalls sehr gebildeter Mann. Der Genuese sagte zu ihm: »Komm herüber, alles wird gut werden.« Er weigerte sich hinüberzugehen, der Genuese aber bat eindringlich darum. So kam es zu einem Wortwechsel, und schließlich einigten sie sich auf einen Kompromiß. Die Eisenketten sollten demnach gelöst werden, *ein jeder sollte sich von seinem Bruder trennen*[21]. Und am Morgen wollte man sich um eine Einigung bemühen. Franco antwortete mit den Worten seines Bruders, der das Protestschreiben aufgesetzt hatte. Schließlich wurden die Eisenketten gelöst, wenngleich es zwei Stunden dauerte, um die Schiffe zu trennen, so sehr waren sie miteinander verkettet.

In der Nacht hißten die Venezianer neue Segel, wohingegen unser Patron davon Abstand nahm. Er sagte: »Ich will nicht, daß sie verstehen, daß ich mich vor ihnen fürchte. Daher werde ich keine neuen Segel hissen, als wollte ich vor ihnen flüchten. Vielmehr werden wir abwarten und beobachten, wie sie vorgehen werden.« Während der Nacht kamen die Menschen [an Bord] wieder zu Kräften und begannen, das Schiff mit Bündeln aus Hadern[22] abzudecken, denn diese eignen sich besonders gut zu diesem Zweck. Als es Morgen wurde, bemerkten die Venezianer, daß wir keine neuen Segel gehißt hatten, und dies ließ *ihr Herz erkalten*[23]. Sie schickten daraufhin besagten Messer Giovanni Battista sowie ihren Schiffsschreiber zu unserem Schiff herüber. Als unser Schiffsherr dies sah, ließ er alle unsere Verletzten an Deck bringen, um den Anschein zu erwecken, wir seien viele an der Zahl. Die Venezianer bemerkten nicht, daß es sich um Verwundete handelte. Die Unterhändler begaben sich unter Deck und berieten sich lange. Schließlich verlangten sie, Passagiere und Waren unseres Schiffes nach Gutdünken auszuwählen, woraufhin unser Patron antwortete, daß er ihnen nicht einmal eine Nußschale geben werde. Denn unser Schiff führte in der Tat eine große Ladung Nüsse mit sich. Die Unterhändler kehrten auf ihre Schiffe zurück, während wir alle, *aramo disse la mosca**, zum Kampf bereitstanden.

---

* Ein italienisches Sprichwort, das heute kaum noch bekannt ist, das allerdings im Mittelalter und in der Frühen Neuzeit vor allem in Italien geläufig war und sich auch im italienischen Novellenschatz des 15. Jahrhunderts nachweisen läßt. Auf

Eine halbe Stunde später schickten sie einen kleinen *scafo*[24] zu ihrem kleinen Schiff mit drei Leuten sowie dem besagten Genuesen. Sie gingen bei uns an Bord und behaupteten schließlich, sie hätten erfahren, daß sich auf unserem Schiff Juden befänden. Sie verlangten, diese Juden lebendig und mitsamt ihrer Barschaft auszuliefern (der HERR sei davor!). Alsdann würden sie das Schiff ebenso wie die mitreisenden Kaufleute und Waren in Frieden ziehen lassen. Unser Patron antwortete daraufhin: »Ich schwöre Euch, daß ich Euch nicht einmal einen ihrer *Schuhriemen überlassen*[25] werde, denn ich habe ihnen meinen Schutz versprochen und werde ihr Vertrauen nicht enttäuschen. *Einerlei Geschick wird uns allen zuteil werden*[26].« Nachdem all diese Worte gewechselt worden waren, gab unser Patron ihnen ein Faß griechischen Wein, einen Sack Nüsse sowie einen Laib Käse zum Geschenk, obwohl er dazu nicht verpflichtet war. Daraufhin segelten sie an uns vorbei und zur Ehrbezeugung strichen wir unsere Segel,[27] wobei jeder Mann auf seinem Posten war. Der HERR *kam uns zu Hilfe*[28] und *ließ unsere Füße nicht gleiten*[29], und ebenso möge er uns auch künftig mit seiner Barmherzigkeit retten. Möge dies der Wille des Ewigen sein. Amen.

Später erfuhren wir mit Gewißheit, daß die Venezianer besagten Messer Federigo Giustiniano für sein ungebührliches Verhalten mit einer Geldstrafe von zehntausend Dukaten belegten, ihn aus Venedig verbannten und ihm das Kommando entzogen, so daß er nicht länger Befehlshaber dieser Schiffe ist. Hingegen erhielt unser Patron die zehntausend Dukaten als Entschädigung. Dies alles ist erwiesen, und es gibt keinen Zweifel daran.[30]

---

deutsch bedeutet es soviel wie: »Laß uns pflügen, sagte die Mücke.« Entnommen ist dieses Sprichwort einer bereits von Phaedrus und später auch von La Fontaine bearbeiteten Fabel, nämlich der Fabel von der Mücke und dem Rind: Die Mücke hat sich auf dem Kopf des Rindes niedergelassen. Als das Rind fragt, was die Mücke dort mache, antwortet diese: »Wir pflügen.« Im übertragenen Sinne spielt die Fabel auf jemanden an, der sich die stärkeren Kräfte eines Mitmenschen zunutze macht, beziehungsweise vorgibt, stärker zu sein, als dies in Wahrheit der Fall ist. Vgl. *Thesaurus proverbiorum medii aevi*, Bd. 8, S. 252–253. Siehe auch Lapucci, *Dizionario dei proverbi*, S. 731–732. Im vorliegenden Kontext ist wohl gemeint, daß die Reisenden (darunter auch Meshullam) im Ernstfall wenig zur Verteidigung des Schiffes hätten beitragen können und vielmehr auf die Kräfte der Schiffsbesatzung vertrauten.

Am Mittwoch, dem 30. Mai 1481, erreichten wir [die Stadt] Rhodos, die zur rechten Hand und am Meer liegt und deren Hafenbecken so aussieht [wie auf der nachstehenden Zeichnung].

Die Stadt liegt zu einem Teil in der Ebene und zum anderen auf einem Berg, und auf der Spitze dieses Berges erhebt sich – rechts vom Betrachter – der Palast des Großmeisters von Rhodos.[1] Die Stadt ist überaus schön und prächtig, und die Reiter und Krieger[2] sind prunkvoll gekleidet. Es ergab sich, daß ich den Großmeister *von Angesicht zu Angesicht*[3] sah: Er ist ein sehr schöner Mann und steht aufrecht wie ein Stock. Der Herkunft nach ist er Franzose und er trägt einen langen Bart. Er dürfte 55 Jahre alt sein.[4] Ich besichtigte seinen gesamten Palast, die Privatgemächer ausgenommen, in Begleitung des *Rabbi*[5] Avraham Rapa Aschkenasi, zu dem sich ein weiterer ehrenwerter und vortrefflicher Jude gesellte. Bei dieser Gelegenheit bemerkte ich, wie sehr die Türken die Stadt zerstört hatten, insbesondere die *Giudecca*[6] und die

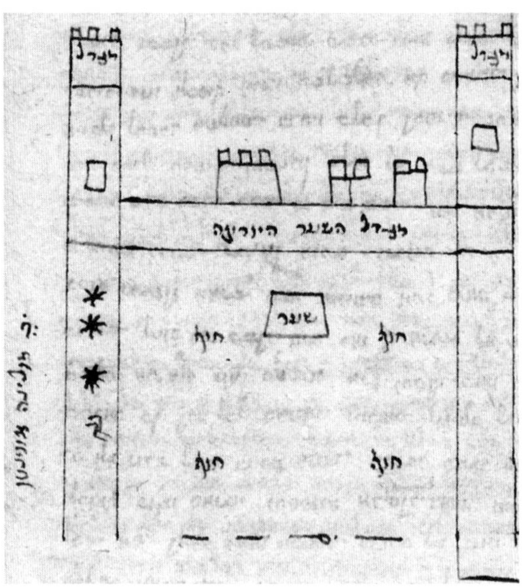

Abb. 3: Der Hafen von Rhodos, wie er in der Florentiner Handschrift von Meshullams Reisebericht dargestellt ist.

linke Seite.[7] Denn dort fanden die Gefechte statt, bei denen die Türken alle Häuser des Messer Leon aus Rhodos sowie des Rabbi Azaria ha-Rofe[8] sowie weitere Gebäude *dem Erdboden gleichgemacht hatten*[9]. Überdies stürzte die Stadtmauer nahe der Synagoge ein. Eines Tages, so erzählten meine Begleiter, stiegen mehr als zehntausend Türken über die Stadtmauer und stürzten den Großmeister von der Mauer hinab. Aber der HERR *stiftete Verwirrung*[10] unter den Türken, und *ein jeder begann gegen seinen Bruder und seinen Nächsten*[11] zu kämpfen. Der HERR ließ ihr *Herz erkalten*[12] und half auf diese Weise den Einwohnern von Rhodos.[13] Mittlerweile hat man die Mauern erneuert und die ganze Stadt wieder aufgebaut, und ich habe selten etwas Schöneres gesehen. Außerdem wurden zwei Kirchen an der Stelle der erwähnten Mauerbresche errichtet.[14] Die eine Kirche liegt diesseits, die andere jenseits der Bresche. Zwischen den beiden Kirchen befindet sich die Synagoge, genau an jenem Ort, an dem sich das Wunder ereignete. Die Griechen verlangten vom Großmeister den Abriß der besagten Synagoge, dieser aber ging darauf nicht ein, so wie es heißt: *Siehe, der Hüter Israels schläft und schlummert nicht.*[15]

Von Chios bis Rhodos sind es dreihundert Meilen. Die Insel Rhodos, auf der die Juden in großem Frieden leben, hat einen Umfang von dreihundert Meilen, und auf ihr befinden sich mehrere Städte.

Heute, Montag, den 4. Juni 1481, sind wir aus Rhodos abgereist. Und auf der linken Seite, etwa zwanzig Meilen von Rhodos entfernt, sieht man die Berge der Türkei im Golf von Satalia[16].

Am Dienstag, dem 5. Juni 1481, befanden wir uns 300 Meilen von Rhodos entfernt. Am Morgen stießen heftige Winde aus unterschiedlichen Richtungen aufeinander, so daß wir uns schon anschickten, das große Segel zu streichen, was uns aber nicht gelang; daher mußten wir die Buline[17] auf der linken Seite durchtrennen. Das Schiff begann sich auf eine Weise zu drehen, daß wir dachten, wir würden untergehen (der HERR sei davor!). Aber der HERR kam uns zu Hilfe, denn die Winde flauten binnen einer Stunde ab.

Am Mittwoch, dem 6. des Monats [Juni], kamen wir an der Küste von Alexandria an. Weil unser *piloto* [sic][18] bei den Gefechten gestorben war und unser Steuermann[19] verwundet auf seinem Lager daniederlag, mußten wir einen der Seeleute zum Steuermann machen. Als wir die Küste ansteuerten, stieß das Boot auf Grund und drohte zu bersten. Da-

Abb. 4: Ansicht von Rhodos aus einem der berühmtesten Pilgerbücher der damaligen Zeit. Die Hafeneinfahrt und Windmühlen, die Meshullam in seiner Skizze (Abb. 3) andeutet, sind hier deutlich zu erkennen. Abbildung aus: Bernhard von Breydenbach, *Peregrinatio in terram sanctam,* Mainz 1486.

raufhin *erhob sich ein großes Geschrei*[20] an Bord. Die Genuesen aus Alexandria eilten uns zu Hilfe und warfen die Anker. Anschließend versuchten sie, mit Hilfe von Seilwinden das Schiff heraufzuziehen. Unterdessen ruderten unsere Seeleute, woraufhin die Seile rissen, obgleich jedes Seil so breit wie mein Arm war. Schließlich gelang es nach vielen Mühen, das Schiff heraufzuziehen. Während dieser Ereignisse befanden wir uns eine Meile von Alexandria entfernt, und dort verharrten wir. Denn Alexandria ist an einem Strand gelegen, und große Schiffe können nicht bis an die Stadt heranfahren. Auch dieses Mal kam der HERR uns zu Hilfe und rettete uns, denn wir schwebten in großer Gefahr.

Von Rhodos bis Alexandria sind es fünfhundert Meilen. Daraus ergibt sich, daß der Seeweg von Neapel bis Alexandria 2200 Meilen beträgt.

Alexandria

Am selben Tag ging ich in Alexandria, das zur rechten Hand liegt, an Land. Alexandria liegt in einer Ebene. Das Meer erstreckt sich in die Stadt, in der sich Türme und ein Obelisk erheben. Letzterer gleicht dem Obelisken in Rom, ist allerdings nicht so hoch. Wenn man den Hafen erreicht, findet man unweit von Alexandria eine Festung[1] mit 32 Türmen. Die Festungsmauer, die zehn Ellen breit ist, verbindet die Türme untereinander und führt in verborgenem Verlauf zur Stadt. Diese Mauer ist – bis auf eine Seite – ringsum vom Meer umgeben, so daß es ein leichtes wäre, die Festung in eine Insel zu verwandeln. Aber der Sultan wollte dies nicht, denn mittels dieser einen Landseite kann man die Festung heimlich verlassen. Niemals habe ich eine so schöne

Festung gesehen. Sie ist übrigens erst vor drei Jahren erbaut worden.[2] Jede Nacht weilen dort achthundert Mamluken, denn so schreibt es das Gesetz vor. Diese Mamluken tragen rote Hüte auf ihren Köpfen und halten einen Stab in der Hand.[3] In der Nähe dieser Festung befinden sich zwanzig Moscheen.

Als wir an das Tor gelangten, wurden wir durchsucht. Man fand das Geld, das wir bei uns trugen, obwohl wir es unter meinen Füßen versteckt hatten. Als Abschlag nahm man mir zehn Prozent ab. Später gab man mir neun Prozent zurück, weil die Juden nicht mehr als ein Prozent zahlen müssen; dies gilt selbst dann, wenn die Beamten Geld finden, das nicht angegeben wurde. Auch müssen die Juden auf ihre Waren keine Abgabe entrichten. Die Nichtjuden[4] hingegen zahlen zehn Prozent, und es ist unmöglich, diese Regel heimlich zu umgehen. Denn die Passierenden, einschließlich der Frauen, werden bis hin zu den Oberschenkeln abgetastet.

Ich habe Alexandria und die Bräuche seiner Einwohner gründlich studiert und dabei beobachtet, daß ihre Bräuche ganz eigenwillig sind. Die Frauen sehen, können aber selbst nicht gesehen werden, denn sie tragen vor dem Gesicht einen schwarzen Schleier[5] mit kleinen Schlitzen. Und auf ihrem Kopf tragen sie eine *Mithra* aus mehrfach gefaltetem, geklebtem und bemaltem dünnen Stoff[6]. Daran befestigt ist ein weißer Schleier, der bis zu ihren Fersen reicht und auch die Nase bedeckt. Die ismaelitischen Männer tragen ebenfalls Kleider aus Leinen und sitzen fortwährend auf Matten oder auf Teppichen. Überdies gehen sie nicht mit Schuhen und Socken umher, sondern tragen Strümpfe aus Leinenstoff, die bis zur Hälfte des Unterschenkels reichen. Die Frauen tragen Hosen und gehen einmal wöchentlich ins Badehaus; für die Männer aber gilt das Gegenteil, sie tragen keine Hosen und waschen ihren Kopf nicht. Vielmehr rasieren sie sich den Kopf mit einem Messer, ohne sich dabei den Kopf zu waschen; allerdings benutzen sie dafür einen in wenig Wasser getauchten Schwamm. Wenn die Frauen heiraten, geben die Männer ihnen eine Morgengabe. Von diesem Tag an ist der Ehemann seiner Frau nichts schuldig, außer sie mit Essen und Trinken zu versorgen. Um ihre Bekleidung muß sie sich selber kümmern und wenn sie Kinder hat, ist es ihre Aufgabe, diese zu ernähren. Wenn die Frau schwanger wird, ist es dem Mann nicht mehr erlaubt, sie zu berühren. Denn es gilt bei den Männern als Sünde, *den Samen umsonst zu verschütten*[7], selbst wenn dies in der Ehe geschieht. Deshalb heiraten die Ismaeliten zwanzig oder dreißig Frauen, und einigen Männern werden in einem einzigen Jahr zwanzig Söhne und Töchter geboren.

Alle reiten auf Eseln oder Maultieren, denn außer den Mamluken ist es niemandem, nicht einmal den Ismaeliten, erlaubt, auf Pferden zu reiten. Die Esel sind von hervorragender Schönheit und Beschaffenheit. Auf ihrem Rücken sind Schabracken und Sattel befestigt, und ich habe einen Esel gesehen, dessen Schabracke mehr als zweitausend Dukaten wert ist, weil so viele Perlen, Rubine und Diamanten mit Goldfäden darauf angebracht sind, vor allem im vorderen Teil, an der breitesten Stelle der Schabracke.

Die Ismaeliten ähneln Kamelen und wirken wie Tiere, denn so wie das Kamel ohne Hufe geht, so gehen auch sie ohne Schuhe. Zudem liegt und frißt das Kamel auf der Erde, und ebenso liegen und essen auch die Ismaeliten auf der Erde, wobei sie kein Tuch, sondern ein rotes Stück Leder als Unterlage benutzen. Das Kamel schläft gesattelt, und so schlafen auch die Ismaeliten bekleidet in kauernder Stellung, denn sie ziehen ihre Kleider niemals für die Nacht aus. Ebenso wie die Ismaeliten halten es auch die Juden in allen Ländern, in denen der Sultan herrscht. Sie haben weder Bett noch Tisch, weder Stuhl noch Lampe. Und beständig essen, trinken und schlafen sie auf der Erde, und alle ihre Handlungen vollziehen sie auf dem Boden und in angelehnter Stellung.

Alexandria ist so groß wie Florenz und weitläufig erbaut, die Stadtmauern sind hoch und schön. Allerdings gibt es in der ganzen Stadt viele Ruinen, und es ist mehr zerstört als unversehrt. Die Häuser sind schön und mit einem Hof versehen, der mit weißen Steinplatten gekachelt ist und in dessen Mitte ein Baum steht. Die Zisternen befinden sich im Hof, wobei es in jedem Haus zwei Zisternen gibt, die eine für das frische Wasser, die andere für das alte Wasser. Denn der Nil steigt jedes Jahr im Monat August an und bewässert ganz Alexandria. Wenn dies soweit ist, säubern die Einwohner die leeren Zisternen, in die das Wasser hineinfließt. Wegen dieser Zisternen ist Alexandria unterirdisch voller Hohlräume.

Die Früchte Alexandrias sind sehr gut, und Brot und Fleisch sind ebenso wie allerlei Geflügel preiswert. Sehr teuer aber ist Holz ebenso wie Öl, Honig und Wein, außerdem ist ein hoher Zoll zu entrichten, so daß zu den übrigen Kosten mindestens 22 Prozent hinzukommen.

Das Leinen von Alexandria ist sehr schön, und Kleider aus Leinen sind überaus schön und günstig. Die Früchte kosten ebenfalls nicht viel. Es regnet fast niemals in Alexandria, nur gelegentlich im Winter ein wenig. Aufgrund des in dieser Gegend niedergehenden vielen Taus *wachsen und mehren sich*[8] die Früchte. Ich habe niemals so viel Tau gesehen wie dort. Er sieht aus wie Regen und löst sich tagsüber in der Hitze der Sonne auf.

In den Monaten Juni, Juli und August ist die Luft in Alexandria sehr schlecht, denn dann herrschen dort Winde, die Bora[9] genannt werden. Diese Winde haben auf die Menschen eine tödliche Wirkung wie die Pest (der HERR sei davor!) und führen zur Erblindung. Die Menschen können anschließend fünf oder sechs Monate lang nichts sehen. Aus diesen Gründen findet man unter den Einwohnern Alexandrias oft Augenkranke.[10] Die Oberen der Stadt weichen in solchen Perioden an andere Orte aus und wohnen nicht in Alexandria. Dies gilt vor allem für die Ausländer, die diese Luft nicht gewohnt sind, denn sie schadet ihnen besonders und führt häufig innerhalb von drei Monaten zu ihrem Tod. Es ist nicht ratsam, während dieser Zeit Früchte zu verzehren.

In Alexandria ist auch das Geflügel sehr preiswert, und dies hängt damit zusammen, daß man das Geflügel in Öfen[11] aufzieht. Hierbei wird der Ofen aufgewärmt, der Dung von Rindern und Pferden hinzugegeben, und alsdann legt man tausend oder zweitausend Eier auf einmal hinein. Dies geschieht jeden Tag und führt dazu, daß die Küken innerhalb von drei Wochen schlüpfen. Auf diese Weise erzeugt man Geflügel *ohne Ende*[12].[13]

Alexandria liegt vollkommen in Trümmern. Der Grund dafür ist, daß der König von Zypern einen Krieg gegen die Stadt begann, sie eroberte und drei Tage über sie herrschte. Der Sultan und König von Ägypten nahm den Kampf gegen ihn auf, wobei er die Stadt zerstören und anzünden ließ. Der König von Zypern geriet lebend in Gefangenschaft und gelobte, dem König von Ägypten künftig eine jährliche Steuer in Höhe von 10 000 Golddinaren zu entrichten. Daraufhin gestattete der König von Ägypten ihm die Rückkehr. Von da an bis zu dem Zeitpunkt der Einnahme Zyperns durch die Venezianer erhielt der Sultan von den nachfolgenden Königen [der Insel] Jahr für Jahr die besagte Steuer. Deswegen hatte der Sultan die Absicht, der Königin von Zypern zu helfen. Er ließ zum Sohn des Königs Ferrante[14] schicken, um die

Heirat mit der Königin zu arrangieren und somit Zypern wiederzuerlangen und die Steuer wie einst wieder zu erheben. Die Venezianer aber stellten sich in dieser Sache klug an und anstelle der Königin entrichteten sie dem Sultan die Steuer. Die Königin blieb somit ausgeschlossen. Dies alles ist unzweifelhaft, denn so erzählte es mir in Alexandria der *Gran maestro*[15] des Hauses der besagten Königin.[16]

Das Wichtigste zuletzt[17]: In Alexandria gibt es ungefähr sechzig jüdische Familienoberhäupter, darunter befinden sich allerdings weder Karäer noch Samaritaner.[18] Vielmehr handelt es sich um rabbanitische Juden.[19] Ihre Kleidung gleicht derjenigen der Ismaeliten, ebenso sitzen sie in der Synagoge auf der Erde und tragen keine Schuhe. Auch betreten sie die Synagoge ohne Schuhe und Socken. Es gibt einige Juden, die sich daran erinnern, daß es einst viertausend jüdische Familienoberhäupter in der Stadt gegeben hat, und ihre Zahl ist nun *geschwunden wie die Stiere des Feiertags.*[20] In Alexandria gibt es zwei Synagogen, die eine ist groß, die andere klein. Die Juden schwören, daß die kleine vom Propheten Elia seligen Angedenkens erbaut wurde. Im Inneren dieser Synagoge befindet sich ein Schrein mit einem Stuhl und einer Kerze, die immerfort brennt, denn an jener Stelle betete der Prophet Elia seligen Angedenkens. Diese Synagoge hat zwei Synagogendiener, der eine heißt Rabbi Yosef ben Rabbi Baruch und der andere Rabbi Chalifa. Beide wurden aus eigenem Antrieb Synagogendiener. Denn, wie sie selbst mir erzählten, blieben sie einst, im Jahre 1454, gemeinsam mit zwei anderen Gläubigen in der Nacht des Fastens von Yom Kippur zum Schlafen in der besagten Synagoge. Es war mitten in der Nacht, als sie alle plötzlich die Figur eines alten ehrwürdigen Mannes sahen, der auf einem Stuhl saß. Sie beschlossen, in Demut sowie mit einer tiefen Verbeugung vor ihn hinzutreten und ihn dann etwas zu fragen. Doch als sie sich zu ihm wandten und sich ihm näherten, *erhoben sie ihre Augen*[21] und sahen ihn nicht mehr, denn der HERR hatte ihn zu sich genommen. Die beiden Synagogendiener berichteten mir, wie viele Wunder sich in dieser Synagoge bereits ereignet hatten. In dieser Synagoge habe ich außerdem mit meinen eigenen Augen vier Pergamentbände gesehen, in denen die 24 heiligen Bücher [der Bibel] in einer großen Handschrift niedergeschrieben sind, wie ich sie niemals schöner gesehen habe. Geschrieben wurden diese Bände von Ezra dem Schreiber, und ich habe seine Unterschrift gesehen.[22] Er selbst hat sie in der Synagoge des Propheten Elia zurückgelassen und dort einen Fluch über jeden ausgesprochen, der die Bände aus dem besagten Gotteshaus entfernen will. Und auch andere Bücher, geschrieben von seiner Hand, habe ich in dieser Synagoge gesehen.

In Alexandria habe ich vier große Fondachi[23] der Franken[24] gesehen, einer gehört den Genuesen und ihrem Konsul, einer den Katalanen und ihrem Konsul, sowie zwei den Venezianern und ihrem Konsul. All diese Gebäude stehen am Eingang von Alexandria auf der rechten Seite in derselben Straße. Und ihnen gegenüber befindet sich in der Mitte ein großer Fondaco der Ismaeliten. Der Emir[25] verfügt über eine Taube. Wann immer er dem Sultan eine dringende Mitteilung schicken will, legt er diese Botschaft der Taube in den Schnabel oder befestigt sie an dem Tier. Die Taube fliegt dann mit dieser Nachricht ans Fenster des Sultans in Kairo, wo immer jemand Wachdienst hat. All dies ist ganz und gar wahr, und es gibt keinen Zweifel daran.[26]

In Alexandria entrichten alle Christen beim Betreten der Stadt pro Kopf dreizehn Golddukaten, und wer nicht zahlt, kann die Stadt nicht verlassen. Die Juden zahlen nichts; sie müssen lediglich eine Erlaubnis beim Emir beantragen, wenn sie die Stadt verlassen wollen. Die Florentiner haben dort beträchtliche Repressalien zu erdulden.[27]

Auf dem Nil von Alexandria nach Kairo

Heute, Dienstag abend, den 12. Juni 1481, sind ich und mein Diener Rafael aus Alexandria abgereist und nach Kairo aufgebrochen. Messer Antonio, der *Gran maestro*[1] der Königin von Zypern[2], reiste mit uns. Wir ritten auf Eseln und nahmen als Begleitung einen Mamluken mit, damit er uns auf dem Weg nach Rosetta[3] an der Nilmündung schütze. Dieser Mamluk führte einen Bogen, Pfeile sowie ein Schwert mit sich, wir aber waren unbewaffnet. Als wir von Alexandria drei Meilen entfernt waren, schickte er sich an, uns zu töten, denn er *erhob falsche Beschuldigungen gegen uns*[4]. Wir mußten ihm acht Dukaten geben, drei davon entrichteten ich und mein Diener, die übrigen fünf kamen von Messer Antonio und seinen drei Dienern. In unserem Troß war ebenfalls ein Lasttiertreiber[5] mit einem Kamel. Auch er betrog uns, denn er trug unser Gepäck und unsere Kleider und machte gemeinsame Sache mit besagtem Mamluken.

Am Mittwoch, dem 13. desselben Monats [Juni 1481] erreichten wir Rosetta, ein schönes Dorf. Wir ließen unsere Esel, auf denen wir geritten waren, an der Hauptstraße inmitten der Stadt zurück, wie es der Brauch ist. Denn die Ismaeliten erteilen an diesem Ort kein Geleit, wenn man Maultiere und Esel mit sich führt. Statt dessen läßt man die Tiere bei der Ankunft zurück, woraufhin sofort zuständige Leute kommen und diese zu sich nehmen. Wir stiegen bereits außerhalb der Stadt von den Eseln ab, denn weder Juden noch Christen ist es erlaubt, in die Städte einzureiten, auch nicht auf einem Esel. Die Juden tragen eine gelbe Kopfbedeckung in allen Ländern des Sultanreiches. In Rosetta mieteten wir eine Barke[6], um zu einer Stadt namens Foa[7] zu gelangen, die von Rosetta sechzig Meilen entfernt ist. Dort setzten wir unsere Reise auf dem Nil fort. Auf dem Nil herrschte ein kräftiger, günstiger Wind; wir hißten die Segel und erreichten Foa zur dreiundzwanzigsten Stunde[8], obgleich wir gegen den Strom fuhren. Von Rosetta bis nach Foa sahen wir entlang des Nils all jene kleinen Städte, die ich am Seitenrand[9] erwähnen werde. Diese befinden sich sowohl links wie auch rechts des Flusses. Allerdings haben sie keine Stadtmauern, obgleich jede für sich größer als Prato in der Toskana ist.[10] Außerdem gibt es entlang des Nils zwischen Alexandria und Kairo 340 Dörfer. An den Ufern des Nils wird schier unendlich viel Zucker und Reis angebaut. Eine halbe Meile vor der Stadt Rosetta gibt es eine große Quelle mit Dattelbäumen, und von dort an erstrecken sich die erwähnten Städte entlang des Nils. Ihre Namen (bis Foa) sind: Sa[11], Muhalati[12], Aiyreia[13], Berunvil[14], Tzeintinis[15], Seisaria[16], Ratimer[17], Asi[18], Rivrahi[19], Muhal[20], Tavol[21], Nikli[22] und Foa.

Von Alexandria bis Rosetta sind es sechzig Meilen, von Rosetta bis Foa sind es ebenfalls sechzig Meilen. Als wir auf dem Nil segelten, machten Delphine Jagd auf Meeräschen[23]. Die Meeräschen sprangen dabei über das Wasser um zu entkommen, wobei 14 von ihnen in unsere Barke sprangen und dort liegenblieben. In der Nacht verzehrten wir sie in Foa, über dem Feuer gebraten.

Auf einigen kleinen Inseln im Nil sah ich Schlangen, die so groß und stark wie ich sind. Sie haben kleine Beine, und ihre Schuppenhaut ist so dick, daß kein Mensch sie mit einer Kampfwaffe zu töten vermag, außer im Winter, wenn diese Tiere auf den Inseln schlafen und auf der Erde in ausgebreiteter Stellung verharren, wobei man ihren Bauch sieht. Dann schießt man mit einem Bogen Pfeile von Barken aus in ihren Bauch und tötet sie dadurch. Die Ismaeliten schneiden dann den Kopf und den Schwanz des Tieres ab, obgleich der Schwanz kurz ist. Danach verzehren sie das Fleisch des Tieres und sie sagen, daß es vorzüglich zum Essen geeignet ist. Die Ismaeliten nennen dieses Tier *al-Tamsach*[24]. Es klappt seine obere Backe[25] auf und ernährt sich auf diese Weise von nichts außer Fischen. Plinius[26], der auf lateinisch schrieb, nennt dieses Tier *coccodrillo*[27] und sagt, daß es bis zu 18 Schritt[28] lang werden kann. Beim Namen des HERRN kann ich versichern, daß ich große Exemplare gesehen habe und sogar solche, die noch größer waren als ich selbst. Und meinem Diener Rafael erging es ebenso. Diese Schlangen haben keinen Anus und können nicht koten, allerdings hat der HERR zu diesem Zweck eine den Gänsen ähnliche Vogelart erschaffen. Dieser Vogel ist ganz weiß, hat einen kleinen Kopf sowie einen spitzen und langen Schnabel. Auf seinem Kopf befindet sich ein weiches Horn, das eine Handspanne lang ist. Dieses Horn hebt und senkt er nach Belieben. Wenn die Schlange den Kot aus den Eingeweiden ausscheiden will, öffnet sie ihr Maul, dessen Zähne spitz wie bei einem Hund sind. Sobald die Schlange ihr Maul öffnet, eilen hundert der besagten Vögel herbei. Die Tiere, die zuerst kommen, profitieren am meisten: Der Vogel steckt den Hals in das Maul der Schlange und richtet das Horn auf, so daß er nicht von der Schlange gebissen wird und derweil deren Kot fressen kann. Und wenn der Vogel genug davon gefressen hat, aber die Schlange weiteren Bedarf hat, kommt ein anderer Vogel und nimmt die Stellung seines Vorgängers ein, bis bei der Schlange der ganze Kot aus den Eingeweiden durch den Rachen herausgeholt wurde. Die Schlange kann ohne den Vogel nicht leben, und der Vogel ernährt sich ausschließlich von besagtem Kot. In der Sprache der Ismaeliten heißt der Vogel *Apis*, und Plinius nennt ihn auf lateinisch *Torchilo*[29]. Obwohl ich mir bewußt war, daß die Menschen, die dies hören, meinem Bericht keinen Glauben schenken würden, habe ich jedenfalls geschworen: Beim Namen des HERRN versichere ich, daß ich diese [Tiere] gesehen habe, und zwar sowohl über hundert der Schlangen als auch über tausend der Vögel. Die Wahrheit wird sich ihren Weg bahnen, und nichts wird mich davon abhalten, die Wahrheit niederzuschreiben.[30]

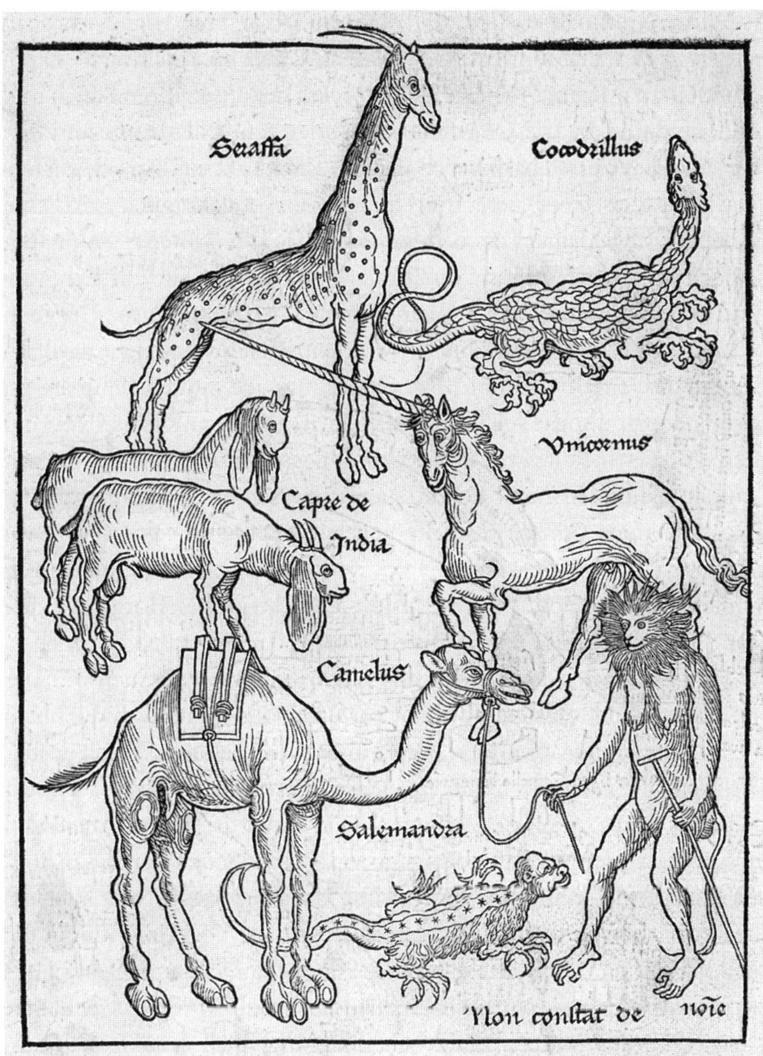

Abb. 5: So sah ein zeitgenössischer christlicher Reisender die exotische Tierwelt des Nahen Ostens. Das Krokodil, von dem auch Meshullam berichtet, ist rechts oben abgebildet. Außerdem zu sehen: Salamander, Giraffe, »indische« Ziegen und Einhorn. Rechts unten ist überdies ein »Wilder Mann« dargestellt. Abbildung aus: Bernhard von Breydenbach, *Peregrinatio in terram sanctam*, Mainz 1486.

Kehren wir nun zum weiteren Verlauf unserer Reise zurück. Wir kamen in Foa an, und dort mieteten wir eine Barke, um nach Kairo zu reisen. Weil diese Barken den örtlichen Oberen gehören, pflegen diese sich die Waren und Menschen gegenseitig abzujagen. Je angesehener einer der Oberen ist, desto harscher drängt der Kapitän seiner Barke die Menschen mitsamt ihrem Gepäck zur Einschiffung und bringt sie auf seine Barke, wo sie wider Willen mitreisen müssen. Wir mieteten für dreißig Maidi[31] eine Barke bis nach Kairo. Zu diesem Zweck wurde durch einen ismaelitischen Schreiber ein Vertrag abgeschlossen, denn so muß man vorgehen. Wer hingegen keinen Vertrag abschließt, von dem wird bei der Ankunft eine vielfach höhere Summe verlangt, denn sie leugnen die Bedingungen, auf die man sich [mündlich] mit dem Kapitän geeinigt hatte. Nachdem wir den Vertrag abgeschlossen hatten und in unseren Händen hielten, kam der Kapitän einer anderen Barke, schlug den Kapitän unserer Barke zusammen und schaffte all unsere Habseligkeiten auf seine eigene Barke. Dann sagte er: »Kommt mit mir«, und er verlangte von uns zehn Dukaten für die örtlichen Oberen und für den Emir. Daraufhin sagte der Maestro di Casa[32] der Königin [von Zypern] in der Sprache der Ismaeliten, daß er ein Diener der Königin sei. Der Emir wußte, daß sich die Königin auf Bitten des Königs in Kairo aufhielt, und er befahl dem Kapitän der Barke, uns unsere Habseligkeiten zurückzugeben oder 40 Maidi von uns zu verlangen, so daß wir schließlich zehn Maidi mehr zahlen mußten [als ursprünglich vereinbart].[33] Nun reisten wir nach Kairo. Dort kamen wir am Sonntag, dem 17. Juni 1481, an. Und dies sind die Dörfer, die wir auf der Strecke von Foa nach Kairo gesehen haben und die ausnahmslos am Ufer des Nils liegen: Foa, Salamon[34], Nacharia[35], Taronia[36], Amonuf[37], Avonoti[38], Yurius[39], Feikliklis[40], Mirinar[41], Shatanuf[42], Kaleios[43], Cholan[44]. Letztgenannter Ort liegt bereits kurz vor Kairo, und dort steigt auch der Nil an.

Kairo

Wir erreichten Kairo am Sonntag, dem 17. Juni 1481. Ich durchquerte die Stadt, um Kairo und die Bräuche seiner Einwohner zu besichtigen. Wenn ich tatsächlich alles über ihr Ansehen, ihren Reichtum und ihre

Einwohner aufschreiben wollte, würde dieses ganze Buch nicht ausreichen. Ich schwöre: Wenn man Rom, Venedig, Mailand, Padua und Florenz sowie vier weitere, benachbarte Städte zusammenlegen könnte, würden alle zusammen nicht einmal zur Hälfte heranreichen an den Reichtum und die Bevölkerungsstärke von Kairo. Daran ist kein Zweifel, denn Kairo ist in 24 000 Stadtteile[1] aufgeteilt. Dabei ist die Altstadt mitgerechnet, die von den Nichtjuden Babylon[2] genannt wird, wobei diese im Grunde in die Stadt Kairo übergeht, von der sie eine halbe Meile entfernt ist. In jedem Stadtviertel leben 30 000 Familienoberhäupter, wobei in jedem Haus drei oder vier Familien wohnen.[3] Kairo hat einen Umfang von mehr als achtzig Meilen. Und wenn nun jemand fragt, ob ich ganz Kairo besichtigt oder alle Häuser und alle Einwohner gezählt habe? Er wird mich für einen Witzbold halten, doch ich werde ihm antworten: »Beim Namen des HERRN im Himmel! All dies hat mir des Königs Großer Turcimanno[4], der jetzt Tagrivardi heißt,[5] erzählt. Er berichtete mir überdies, daß die Oberen ihm jede Nacht eine Liste aller Neugeborenen und aller Verstorbenen der Stadt vorlegen, denn er steht über allen.

Ich will hier nicht die Gesamtzahl der Neugeborenen und Verstorbenen eines Tages in dieser Stadt niederschreiben. Und dies obgleich die Luft [während meiner Anwesenheit] gut war. Um so unfaßbarer ist diese Zahl. Daher werde ich schweigen, und für mich werden sich zuverlässige Zeugen verbürgen, die bei mir waren, als der Turcimanno mir dies erzählte. Insbesondere gilt dies für Rabbi Rafael, meinen Diener, sowie für Rabbi Yosef ben Rabbi Chizkiyya Ashkenasi. Und wenn man mich fragen wird, wie ich zu einem Gespräch mit dem Turcimanno kam? Wisset, meine Herren, daß ich auf Befehl des Nagid[6] hinging, um ihn *aufzusuchen*[7], denn der Turcimanno ist jüdischer Abstammung und er kam nach Ägypten, um dort zum Judentum zurückzukehren. Er ist Spanier, und das große Segelschiff[8], auf dem er einst reiste, stieß auf eine Sandbank, und alle Passagiere wurden gefangengenommen. Um wieder ein *freier Mann*[9] zu werden, wechselte er seinen Glauben und wurde ein Maure[10]. Er spricht sieben Sprachen, nämlich Hebräisch, Italienisch, Türkisch, Griechisch, Arabisch, Deutsch und Französisch. Am ganzen Hof des Sultans wird Türkisch gesprochen. Der Turcimanno überreichte mir große Geschenke und bereitete mir viele Annehmlichkeiten. Ich mußte zu keinem Zeitpunkt die üblichen zehn

Prozent Steuern auf die Edelsteine zahlen, die ich in Kairo kaufte. Auch schrieb er an den Turcimanno in Jerusalem und befahl diesem, *nichts von mir zu verlangen*[11], obwohl die Juden [dort] eigentlich drei Dukaten pro Kopf entrichten müssen.

Kehren wir nun zu unserem ursprünglichen Gegenstand zurück. Das alte Kairo, das Babel[12] genannt wird, liegt gänzlich in Trümmern und hat nur wenige Einwohner. Es gibt dort eine Synagoge, die, wie diejenige in Alexandria, an den Propheten Elia seligen Angedenkens erinnert. Jenseits des Nils gibt es drei große Schatzkammern in der Form eines Diamanten.[13] Solch große Bauwerke habe ich niemals zuvor gesehen, nicht einmal in Rom. Sie ragen über einem steinernen Fundament in die Höhe. Selbst wenn man auf deren Spitze in der Mitte steht[14], wird es niemandem gelingen, einen Stein herauszureißen und hinabzuwerfen. Diese Bauwerke sind aus Steinen von unvorstellbarer Größe errichtet worden.

Unweit davon befindet sich die Synagoge von Moses (der Friede sei mit ihm!): Dort betete und lebte er zu der Zeit, als er zum Pharao sprach. Der Nil verläuft zwischen diesen Bauwerken und Kairo. Dieser Ort heißt Demu.[15] Viele Juden erzählten mir, daß man dort jeden Tag ehrfurchtgebietende Dinge sieht. Auch sollen die Schatzkammern Josefs nicht weit entfernt sein.[16] Zwar hat das neue Kairo einen Umfang von zwanzig Meilen, gleichwohl findet sich dort kein einziges zerstörtes Haus. Die Gassen in der Stadt sind sehr kurz und noch enger als diejenigen in Venedig. Die Häuser berühren einander in der Höhe, und auf einigen wachsen Dattelpalmen, deren Blätter die Straße überdecken. Dies ist auf die große und furchtbare Hitze zurückzuführen, und ohne diese Vorrichtungen, könnte man dort nicht leben.

In Kairo gibt es immer über zehntausend Menschen, deren Aufgabe es ist, Wasser in der Stadt auszuschütten, damit der Staub nicht zu sehr aufwirbelt. Dies führt zu einer großen Feuchtigkeit. In jedem Augenblick stehen zudem mehr als zweitausend Menschen bereit, die Wasser in Schläuchen umhertragen, aus denen Röhrchen abgehen, die mit Gold und Silber auf Damaszener Art überzogen sind. Für einen *filio*[17] verkaufen sie an jedermann ein Getränk in schönen Gefäßen, ganz so wie es gewünscht wird. Wenn man etwas trinken möchte, findet man auch Leute, die [Wasser] umsonst verteilen, um der Seele eines verstorbenen Verwandten willen. Diese [Wohltäter] lassen sich von den Ver-

Abb. 6: Die Pyramiden von Gizeh beschreibt Meshullam als »solch große Bauwerke«, wie er sie »niemals zuvor gesehen, nicht einmal in Rom«. Die Abbildung zeigt eine Darstellung der Pyramiden aus einer deutschen Ausgabe der populären *Cosmographia* des Sebastian Münster: *Cosmographei oder beschreibung aller länder, herschafften, fürnemsten stetten, geschichten, gebreüchen, hantierungen etc.*, Basel 1550.

käufern unterscheiden, denn sie tragen ein Zeichen. Zu jeder Stunde und in jedem Augenblick ist zudem ganz nach Wunsch auch Wasser zum Trinken erhältlich, das mit duftenden Aromen versetzt ist. Die Einwohner trinken das Nilwasser, und in der Tat gibt es auf Erden kein besseres. Selbst wenn man so viel Nilwasser trinkt, daß der Bauch ganz voll davon ist, schadet es doch niemals. Denn dieses Wasser ist süß wie Honig und entspringt im Garten Eden.[18]

Anstelle der Männer sind es in Kairo wie in Alexandria die Frauen, die Hosen tragen. An den Kordeln der Hosen sind Edelsteine und Perlen angebracht. Auch sind in ihren Ohren zehn oder acht Löchlein, von denen Edelsteine herabhängen, die an Fäden befestigt sind. Die Mauren tragen keine Ringe aus Gold, sondern nur solche aus Silber, an denen zudem Edelsteine und Perlen angebracht sind. Auch bemalen sie ihre Haut mit allerlei Farben, die sich danach für sechs Monate nicht mit Wasser entfernen lassen, obwohl sie jeden Tag in die Badehäuser, also in die *stufe*, gehen. Denn nirgends auf Erden gibt es so schöne Badehäuser wie in Kairo, und dort verrichten die Einwohner alle ihre Bedürfnisse.

Auch die Sattel der Esel sind viel Geld wert. Die Mamluken versehen die Sattel der Pferde mit vielen Edelsteinen und Perlen, und ganz und gar unglaublich ist die Verzierung der Zügel.

Die Mamluken sind auch an ihrem Körper sehr sauber. Arabische Reiter tragen ein sehr schönes weißes Gewand mit Streifen. Die Mamluken tragen ebenfalls Kleider, aber beim Essen benehmen sie sich wie Schweine. Denn sie essen auf der Erde auf einem Teppich von einem oder von mehreren auf Damaszener Weise aus Messing hergestellten Geschirren, doch benützen sie kein Tuch als Unterlage. Auch auf den Tisch legen sie weder ein Tuch noch ein Messer und auch kein Salz. Dafür essen sie alle aus einem Gefäß, sogar der Herr gemeinsam mit dem Diener. Immer essen sie überdies mit den Fingern und im Schneidersitz. Wenn sie jemandem eine Ehre erweisen wollen, servieren sie Wein aus Zibibbo[19], der tausendmal stärker ist als der Malvasier[20]. Davon muß man zweimal trinken, sodann bekommt man nichts außer Früchten zu essen. Zuletzt muß man auf alle Gäste des Mahls trinken, und jeder, der trinkt, sagt zu dem auswärtigen Gast: »Dir zu Ehren.« Daraufhin nimmt der Gastgeber eine Frucht, drückt sie dem Gast in die Hand und sagt: »Auf das Leben und die Gesundheit.« Sodann muß man trinken, und so müssen es alle tun. Es dauert zwei Stunden, bis man zu essen beginnt, und zu diesem Zeitpunkt haben der Gast und die Anwesenden bereits zweimal getrunken. Wenn man aber nicht trinkt, bereitet man dem Hausherrn große Schande. Mir ist es mehrfach gelungen [nicht zu trinken], obgleich ich von diesen Dingen bereits im vorhinein wußte. Bevor ich zu meinen Gastgebern ging, stellte ich ihnen gegenüber die Bedingung auf, daß es mir unmöglich sei zu trinken, da mein Körper an einer schweren Krankheit leide. Auf diese Weise rettete ich mich vor dieser Trinkerei. Dafür nahm mein Diener Rafael meinen Platz ein – mit dem Ergebnis, daß er *nicht mehr zwischen der Verfluchung Hamans und der Lobpreisung Mordechais zu unterscheiden wußte*[21]. Mir aber *schrieb niemand vor, was ich trinken sollte*[22], und dafür sei dem lebendigen HERRN Dank.

Kehren wir zum ursprünglichen Gegenstand zurück. In Kairo gibt es große Fondachi, durch deren Mitte eine Straße verläuft. Diese Straße wird gesäumt von Geschäften, die man *magazzini*[23] nennt und die zwei, drei oder vier Eingänge aufweisen. Diese Eingänge werden jede Nacht geschlossen, und zu jeder Zeit stehen dort Wächter. In den Fondachi befinden sich allerlei Waren. Die Händler und Handwerker sitzen vor ihren Läden, die sehr klein sind, und stellen nur einen kleinen Teil ihrer Ware aus. Wenn man von ihnen aber etwas Großes und Teures kaufen will, wird man vom Besitzer in das *magazzino* geführt, und es ist kaum zu glauben, welch wundersame Waren man dort zu sehen bekommt. In jedem Fondaco gibt es tausend und mitunter sogar noch mehr *magazzini*, darunter auch einige besonders kleine. Und es gibt keine Sache auf der Welt, die man in Kairo nicht finden würde. Die Gassen sind eng, und deshalb wirken die Häuser Kairos dunkel, wenn man sie betritt: Befindet man sich aber erstmal im Inneren, bekommt man wahre Wunder zu Gesicht, etwa Mosaike und Porphyr. Die Häuser sind überreichlich mit reinem Gold verziert und weisen jeweils einen Hof mit Mosaikboden auf, allesamt unerhörte Dinge. Die meisten Menschen wohnen im unteren Teil des Hauses.

Am Freitag, dem 22. Juni 1481, sah ich den Sultan[24] *von Angesicht zu Angesicht*[25]. Der Sultan ist ein alter Mann von achtzig Jahren und steht aufrecht wie ein Stock. Er ist ein großer, sehr schöner Mann und in Weiß gekleidet. Er ritt durch die Stadt, und sein Troß umfaßte über zweitausend Mamluken. Man erzählte sich, es sei ein Schatz in der Stadt gefunden worden, den der Sultan nun besichtigen wolle. Wer den Sultan sehen will, für den ist dies ein leichtes, denn er residiert in der Festung der Sultane. Diese in der Stadt gelegene Festung ist groß und schön und gehört dem Sultan. Dort nimmt er montags und donnerstags vor einer großen Menschenmenge aus der Stadt öffentlich auf seinem Thron platz. In seiner Umgebung befinden sich dann auch der Turcimanno sowie mehr als dreihundert Mamluken, die ihn beschützen sollen. Wenn sich also jemand über eine Gewalttat oder einen Raub aufregt, die ihm durch die Oberen und Herren des Landes zugefügt wurden, dann kann er seinen Zorn kundtun, und dies ist der Grund, weshalb sich die Oberen des Landes hüten, etwas Unrechtes zu tun.

In Kairo fällt niemals Regen, allerdings gibt es eine große Menge Tau, der jeden Tag über den Gärten niedergeht. Die Anpflanzungen[26] von Kairo findet man in Bulak[27]. Dieser Ort liegt am Nil, dessen man sich bedient, um diese Gärten zu bewässern. Oberhalb von Bulak gibt es einen Ort, an dem die Erde mit Marken in Form von Stufen versehen wurde. Wenn nun der Nil steigt, bedeckt er diese Stufen allmählich. Je nachdem welche Marken das Wasser übersteigt, läßt sich sagen, ob ein reiches, durchschnittliches oder schlechtes Jahr zu erwarten ist. Wenn das Wasser steigt und nicht mehr als sechzehn Stufen bedeckt, handelt es sich um ein sehr schlechtes Jahr. Bedeckt das Wasser achtzehn Stufen, gilt es als ein durchschnittliches Jahr. Wenn es auf zwanzig Stufen steigt, ist es ein reiches Jahr. Steigt es aber auf zweiundzwanzig Stufen an, dann ist es ein außerordentlich reiches Jahr mit niedrigen Preisen. Die Überschreitung dieser letztgenannten Marke geht immer mit einem Sinken der Preise einher. Jeden Tag verkündet man in Kairo: »Der Nil ist so und so hoch gestiegen.« Und wenn er nicht mehr ansteigt, begibt sich der Sultan mit einem *würdevollen und mächtigen Troß*[28] an diesen Ort, wobei er von *Liedern, Pauken und Harfen*[29] begleitet wird. Der Sultan höchstselbst beginnt sodann an diesem Ort zu graben, und alsbald tun dies seine Untertanen ebenfalls. Das Wasser, das zutage tritt, bewässert ganz Ägypten und überschwemmt das ganze Land. All dies ereignet sich in der Regel am Ende des Monats August.[30]

In Kairo gibt es ungefähr achthundert jüdische Familienoberhäupter. Zudem finden sich bei den Karäern hundertfünfzig Familienoberhäupter und bei den Samaritanern fünfzig. Wie Du schon weißt, halten die Karäer sich an die schriftliche Tora. Und auch die Samaritaner richten sich nach Teilen der Heiligen Schrift, allerdings sind sie Götzendiener, und ihre Art zu schreiben unterscheidet sich von allen anderen. So haben sie kein Alef [א] und kein He [ה], kein Ayin [ע] und kein Tzade [צ], kein Bet [ב] und kein Chet [ח], man würde also *Yakov* anstelle von *Ya'akov* sowie *Yisak* anstelle von *Yitzchak* sagen, und so weiter. Ihre Bücher der Tora sind ebenso wie all ihre übrigen Bücher in ihrer eigenen Schrift geschrieben. Dreimal besteigen sie jedes Jahr den Berg Garizim[31], und dort haben sie auch einen Altar. Sie führen dann eine goldene Taube mit sich und bringen sie auf dem Altar dar. Nach Jerusalem begeben sie sich nicht und wohnen dort auch nicht, denn sie behaupten, der Berg Garizim sei der wahre Berg Jerusalem. Sie pflegen, ein Schaf zu opfern, das sie nicht verzehren. Die Samaritaner leben isoliert und haben auch keine eigene Synagoge. Sie halten den Shabbat bis zum Mittag, anschließend aber entweihen sie ihn.

Die Karäer haben ebenfalls eigene Synagogen. Die guten Juden aber, die sich sowohl an die schriftliche wie auch an die mündliche Tora halten,[32] sind wie unsereins und bilden ebenfalls eine eigene Gemeinschaft. Sie haben sechs Synagogen. Der König hat über den Juden, den Karäern und den Samaritanern einen jüdischen Nagid eingesetzt, einen angesehenen, guten und gelehrten Mann namens Rabbi Shelomo ben Rabbi Yosef (möge seine Seele im Paradies ruhen!). Er ist reich, sehr angesehen und stammt aus diesen Ländern. Sein Vater, ein Leibarzt des Sultans, wirkte ebenfalls als Nagid. Die Juden unterstehen in allen Ländern des Königs und in seinem gesamten Königreich der Regierung des Nagid. Dies betrifft die Rechtsprechung in Kriminalsachen ebenso wie in Zivilangelegenheiten, und gegen das Urteil des Nagid kann man keine Berufung einlegen. Ihm unterstehen vier Richter, und dies sind ihre Namen: Rabbi Yaakov ben Rabbi Shemuel Rachach, Rabbi Yaakov Altavoiya, Rabbi Shemuel ben Ateil, Rabbi Aharon Me'afci. Außerdem verfügt er über zwei Schreiber, und dies sind ihre Namen: Rabbi Yehuda ben Areicha sowie Rabbi David Elchamar. Der Nagid steht zudem einem Gefängnis vor, das Farischala Ruscheiti[33] genannt wird.

Am zweiten Tag meines Aufenthalts in Kairo schickte der ehrenwerte Nagid einen Boten zu mir und erwies mir sehr große Ehren, und dies weil ein Jude, nämlich ein bedeutender Edelsteinhändler namens Rabbi Moshe Marin da Villarreal, mich ihm empfahl. Denn dieser Rabbi Moshe war zweiundzwanzig Jahre zuvor in unserem Haus in Florenz zu

Gast gewesen. Unser Herr Vater seligen Angedenkens hatte ihn damals auf unserem Anwesen namens Polveroso mit großen Ehren empfangen. Rabbi Moshe erinnerte sich nach wie vor an diese Gastfreundschaft, die ihm durch unseren Vater seligen Angedenkens zuteil wurde, und berichtete dem Nagid von unserem Vater seligen Angedenkens und von mir. Er erzählte ihm auch, daß sich unser Reichtum damals auf über 100 000 Dukaten belief, und war voll des Lobes über uns. Und dies so sehr, daß ich von diesem Tag an in der Synagoge stets zwischen dem Nagid und den Richtern [*shoftim*] sitzen mußte. Auch mußte ich mit dem Nagid mehrfach speisen. Und weil seine Hoheit mir *vor den Augen von ganz Israel*[34] viel Ansehen verschaffte, wurden mir viele Ehrbekundungen zuteil, und viele angesehene Männer riefen mich zu sich, insbesondere Rabbi Yaakov Rachach, bei dem es sich um den reichsten und angesehensten von allen handelt, sowie dessen Vater. Sie behandelten mich wie einen König und mit Erlaubnis des Nagid luden sie mich ein, mit ihnen zu speisen und zu trinken. Dies hängt damit zusammen, daß kein Mensch es wagen würde, einen Juden zu Speis und Trank zu laden, der bereits vom Nagid bewirtet wurde. Denn es soll nicht so aussehen, als ob sich der Gastgeber mit dem Nagid gleichsetzen will, indem er einen Gast zu Speis und Trank nach Hause bringt, der bereits am Tische des Nagid bewirtet wurde. Man ließ mir sehr viel Ehre zuteil werden. Und nicht genug damit, daß man mich bei des Sultans Großem Turcimanno namens Tagrivardi empfahl, welcher jüdischer Herkunft ist, wie ich bereits erwähnte: Als ich von Kairo zu der Heiligen Stadt Jerusalem aufbrach (möge sie zu unseren Lebzeiten rasch wiederaufgebaut und wiederhergestellt werden. Amen), schrieb der Turcimanno an den Turcimanno von Jerusalem, und der Nagid wiederum schrieb an seinen Stellvertreter, so daß mir auch dort viel Ehre zuteil wurde, wie ich mit der Hilfe des HERRN in meinen Ausführungen zu Jerusalem noch genauer berichten will. Dem Turcimanno habe ich dabei nichts bezahlt, obwohl die Juden in der Regel drei Dukaten pro Kopf entrichten müssen. Der stellvertretende Nagid wiederum stellte mir ein bezugsfertiges Haus voller Annehmlichkeiten zur Verfügung.

Die Ismaeliten sind schlechte Menschen und sündigen vor dem HERRN, auch kann man ihren Worten keinen Glauben schenken. Wenn es unter ihnen die Furcht vor der Obrigkeit nicht gäbe, wären sie ganz und gar schlechte Menschen. Den Juden und den Christen ist es verboten, den zweiten Finger[35] auszustrecken; wer dies tut, den könnte man – der HERR sei davor! – zwingen Ismaelit zu werden; ansonsten würde man ihn töten. Ebenfalls ist den Juden und Christen verboten, die Moscheen zu betreten. Bevor die Ismaeliten die Moscheen betreten, müssen sie eine Waschung vornehmen. Jede Moschee hat eine Wasserquelle, damit die Ismaeliten sich fünf Mal am Tag [zu den Gebetszeiten] waschen können. Der Freitag ist ihr Feiertag, allerdings begehen sie ihn nur in jenen zwei Stunden, in denen sie bei ihrem Gebet sind. Überdies haben sie zwei besondere Feiertage im Jahr;[36] einmal im Jahr fasten sie ohne Unterbrechung für dreißig Tage,[37] wobei ihr Fasten demjenigen der Juden gleicht. An den Ismaeliten hat sich der Verfasser des *Alenu Leshabeach* orientiert, denn sie beugen sich nieder vor der Nichtigkeit [ה׳ב׳ל׳]: die Fünf [ה] steht für die fünf täglichen Waschungen, die Zwei [ב] steht für die zwei jährlichen Feiertage, die Dreißig [ל] für die dreißig Fastentage.[38]

Unter den Juden gibt es sehr angesehene Personen, insbesondere jene, die ich bereits erwähnt habe, sowie die Berater und Begleiter des Nagid. Deren Namen sind: Rabbi Shemuel Rachach und sein Sohn Rabbi Yaakov, Rabbi Yehoschua Alchamar, Rabbi Tzedaka ben Ovrei sowie Rabbi Avraham ha-Talmid[39], der nach eigenem Bekunden ein Schüler von Rabbi Moshe Fishi ist, Rabbi Yaakov Elfaivi'i, Rabbi Soliman Inishei, sowie insbesondere Rabbi Shemuel Rachach sowie sein bereits erwähnter Sohn. Dieser ist sehr reich und ein bedeutender Wohltäter. Er wirkt als Arzt seiner Majestät des Sultans, von welch letzterem er sehr geschätzt wird. Der Sohn Yaakov *wandelt in den Wegen des Vaters*[40], sein Alter beträgt 35 Jahre, und *er ist gottesfürchtig und meidet das Böse.*[41] Niemand reicht in Kairo an Güte an die beiden heran. Vater und Sohn bewirteten mich mit Erlaubnis des Nagid mehrmals in ihren Häusern, und dort betrank sich mein Diener Rafael ordentlich. Ebenfalls dort erhielt ich eine Liste, in der alle Waren aufgeführt sind, die zweimal jährlich nach Kairo gelangen und die anschließend von den Christen nach Europa gebracht werden; insgesamt sind dies 3600 verschiedene Waren, wovon das meiste Spezereien und Arzneimittel sind.

Abb. 7: Den Muslimen und ihren Bräuchen, von denen Meshullam mitunter abfällig spricht, standen auch die meisten christlichen Reisenden verständnislos bis feindlich gegenüber. Gleichwohl hielten sie ihre Eindrücke in teilweise detaillierten Beschreibungen und Darstellungen fest. Hier eine Darstellung einer Moschee aus dem handschriftlich erhaltenen Reisebericht des Konrad Grünemberg, ein Zeitgenosse aus Konstanz, der 1486 ins Heilige Land aufbrach.

Durch die Wüste Sinai: Der Weg von Kairo nach Gaza

Am Mittwoch, dem 10. Juli 1481, verließen wir Kairo. Möge es der Wille des HERRN sein, daß ich in Frieden nach Jerusalem gelange, daß ich mein Gelübde erfüllen und wohlbehalten, freudig und in Frieden nach Haus zurückzukehren vermag! Am Tag unserer Abreise sahen wir fünf Meilen von Kairo entfernt, daß links von der Hauptstraße ein kleiner, aus einem einzigen Stein gefertigter Obelisk steht. Gegenüber dem Obelisken befindet sich ein Garten, in dem ein bestimmter Balsam hergestellt wird.[1] Das geschieht auf diese Weise: Im Garten gibt es, wie ich selbst sah, ungefähr hundert sehr kleine Bäume mit dünnen Ästen, deren Blätter so zierlich sind wie diejenigen des *Cussi*[2], dafür allerdings grüner und noch dünner. In diesem Garten befindet sich ein Brunnen, in dem frisches Wasser zutage tritt. Mit diesem Wasser werden die Bäume und die sie umgebende Erde täglich gegossen. Die Bäume gedeihen nirgends außer in diesem Garten. Einst haben sich die Ismaeliten bemüht, die Bäume mitsamt der sie umgebenden Erde von diesem Ort zu entfernen und sie an einen anderen Ort zu verfrachten: Solange man dabei den Baum mit Wasser aus der besagten Quelle gießt, wird er am Leben und feucht bleiben, sobald man aber anderes Wasser benutzt, vertrocknet er. Und selbst wenn man den Baum [an einem fremden Ort] mit dem besagten Wasser gießt, produziert er doch so gut wie gar keinen Balsam mehr. Den Balsam stellt man wie folgt her: Man schält die Rinde des Baumes ab und schneidet die kleinen Äste weg, und sodann fließt der Balsam in das Gefäß, das man unter den Baum stellt. Obwohl der Garten von einer Mauer umgeben ist, sind jedem Baum vier Wächter zugeteilt. Niemand vermag es daher, diese Bäume zu berühren. Einmal im Jahr wird der gesamte gewonnene Balsam zum Sultan gebracht, und kein Mensch auf Erden schafft es, den Balsam [während dieser Vorgänge] zu berühren und zu entwenden. Der Sultan gibt eine kleine Menge des Balsams den höchsten Würdenträgern seines Königreiches ab. Ich schwöre, daß ich im Hause des Großen Turcimanno sah, daß er über eine kleine Menge an Balsam verfügte, die er vom Sultan erhalten hatte. Als ein Freund von ihm namens Machumad[3] sich beim Holzfällen mit einer Axt den ganzen großen Zeh seines linken Fußes abhackte, tat der Turcimanno ein wenig von dem Balsam[4] auf die Wunde: Innerhalb von drei Tagen *wuchs er wieder an und genas*[5], und kein Wundmal blieb zurück. Solch ein großes Wunder habe ich in meinem ganzen Leben nicht gesehen. Dieses Öl ist trüb und sieht aus wie Rizinusöl. Wer den Balsam in die Toskana mitbrächte, dem würde man keinen Glauben schenken, denn niemand außer einem Fürsten oder einem hohen Würdenträger könnte es mit sich führen, und selbst dann nur eine sehr kleine Menge.

Am selben Tag begaben wir uns gemeinsam mit meinem Turcimanno, dessen Name Rabbi Yosef ben Rabbi Chizkiyya ist, bis zu einer großen und nicht ummauerten Stadt namens Al-Chanika[6], das ist Refidim[7]. Sie ist von Kairo zwanzig Meilen entfernt. Dort wartete eine Karawane von Ismaeliten oder Türken, der wir uns anschlossen, um in Frieden unsere Reise fortzusetzen. An diesem Ort leben zwanzig jüdische Familienoberhäupter.

Wir verließen Al-Chanika am Freitagmorgen, dem 12. Juli, gemeinsam mit einer Gruppe von Ismaeliten und Kamelen. Insgesamt waren es ungefähr 120 Ismaeliten und Türken. Wir brachen im Morgengrauen auf, denn dort beginnt die Wüste.

Als wir uns ungefähr zehn Meilen, also ein *bari*[8] weit, entfernt hatten, tauchte plötzlich auf einem Pferd ein Beduine auf, der bis dahin in Lauerstellung verharrt hatte. Als er sah, daß wir eine große, starke Karawane und mit Bogen bewaffnet waren und auf Pferden ritten, floh er. Am selben Tag begaben wir uns zu einer Stadt, die Al-Chanika ähnelt und Bilbeis[9] heißt, das ist Goschen[10]. Dort leben ungefähr fünfzig jüdische Familienoberhäupter, die allesamt hohes Ansehen genießen und als Handwerker arbeiten. Man stellte uns dort im *Hekdesh*[11] in der Nähe der Synagoge ein Bett, einen Tisch, einen Stuhl sowie eine Lampe zur Verfügung. Ein angesehener Jude namens Rabbi Melamed Cohen sowie sein Sohn Rabbi David luden mich und meine Gefährten am Shabbat zum Essen ein. Möge der HERR ihnen all das Gute vergelten, das sie mir angedeihen ließen.

Während unseres Aufenthalts in Kairo in jenen Tagen sahen wir mit eigenen Augen, wie der Sultan einen Beduinen, den Anführer einer Räuberbande, zur Strafe hinrichten ließ. Ihm wurde die Haut abgezogen, wobei man bei den Fersen begann. Aus diesem Grund erhob sich sein Bruder, auch er ein Beduine, um Rache zu üben. Er zog mit fünfhundert Mannen – Reitern und Bogenschützen – durch die Wüste, wo sie nun begannen jedermann auszurauben. Wir mußten sie fürchten und daher in Bilbeis ausharren; deshalb konnte die Karawane ihre Reise an diesem Shabbat nicht fortsetzen. *Wir hatten Glück*[12]: Am Abend des Shabbat[13] kam eine türkische Karawane in Bilbeis an, die mehr als vierhundert Reiter und Bogenschützen umfaßte und gen Mekka zog.

Wir verließen Bilbeis am Sonntagmorgen, dem 13. Juli, gemeinsam mit den beiden erwähnten Karawanen und erreichten am selben Tag einen kleinen Ort namens Chatara[14]. Dort leben keine Juden. Immerfort zogen wir bei unserer Reise durch die Wüste. Dabei trugen wir unterwegs auf dem Kopf einen weißen Turban[15], so daß wir aussahen wie Ismaeliten und Türken. Hierzu hatte uns der Anführer der Karawane die Erlaubnis erteilt, obwohl man wußte, daß wir Juden sind. Die Juden und Christen zahlen nämlich viele *caparre*, das heißt Abgaben.[16] Obgleich die Menschen vor Ort mich ansprachen und ich ihre Sprache nicht verstehen konnte, schenkte man doch den Angaben der Karawane Glauben, denn ich saß und aß auf der Erde und handelte auch in allen anderen Dingen nach deren Brauch. Obwohl Türken und Ismaeliten alle einem gemeinsamen Glauben anhängen, verstehen sie sich wegen der unterschiedlichen Sprachen gegenseitig nicht.

Wir verließen Chatara am Montag, dem 14. Juli 1481, und erreichten einen Ort namens Salachiya[17]. Salachiya ist ein kleiner Ort wie Chatara. Dort bezahlten wir die *caparre*, als seien wir Türken. Die Einwohner dieses Orts sind vom Sultan damit beauftragt, die Wüste zu bewachen, und sie haben eine Erlaubnis des Königs, für jedes durchreisende Pferd einen halben Maidi zu verlangen, also einen sogenannten *breifam*[18], der bei uns einem Denar entspricht. Allerdings sind auch sie Räuber und verlangen von den Juden und von den Christen mehr, als sich gebührt. Nachdem wir die *caparre* gezahlt hatten, verriet ein gewisser Ismaelit, daß unser Turcimanno ein Jude ist, woraufhin alle Leute des Ortes sich wider uns erhoben und zwei Dukaten von uns verlangten. Unser türkischer Karawanenführer mischte sich *mit ausgeschüttetem Grimm*[19] ein und sagte: »Es ist die Wahrheit, daß es sich um einen Juden handelt, allerdings habe ich ihn als Sklaven gekauft, und diese Aufgabe erfüllt er nun.« Obgleich unter den Einwohnern ein großes Geschrei herrschte, konnte er uns mit Gewalt aus ihren Händen retten und befreien (dem HERRN sei gedankt!).

Wir verließen Salachiya am Dienstag, dem 15. Juli, und erreichten

Birero Divaiydar[20], und dort bezahlten wir Zoll, als seien wir Türken. Auch dieser Ort gleicht Chatara. Das Wort *birero* bedeutet *be'er*[21].

Wir verließen Birero Divaiydar am Mittwoch, dem 16. Juli, und erreichten Katiya[22]. Katiya ist ein angenehmer Ort mit so vielen Palmen, daß man *sie nicht zählen kann*[23], aber ohne Stadtmauer. An diesem Ort befindet sich der Sitz des *ammiraglio*, des sogenannten Emir.[24] Vor Ort entrichteten alle Mitglieder der Karawane Zoll für sich sowie für jedes Kamel, jedes Pferd und für jeden Esel. Denn der erwähnte Emir muß dem Sultan jedes Jahr 30000 Golddukaten für die Zollstation, für die Palmen sowie für deren Erträge zahlen. Wir sollten mehr als zwei Dukaten entrichten. Und nur weil der HERR *unserer Hand widerfahren*[25] ließ, daß mein Turcimanno ein großer Freund des Emir war, mußten wir nicht mehr als einen Maidi zahlen. Weil wir für die Nacht des Shabbat auf dem weiteren Weg keine Schlafstätte hatten und wir nicht unterwegs in der Wüste zurückbleiben wollten, verließen wir die Karawane und blieben [in Katiya] fünf Tage bis zum Shabbat. Und der HERR ließ uns widerfahren, daß am Abend des Shabbat, um die vierundzwanzigste Stunde[26], eine türkische Karawane eintraf, die gänzlich aus mit Bogen bewaffneten Männern bestand. Deshalb blieben wir auch die Nacht über. Der HERR sandte uns großes Glück; möge es uns auch vergönnt sein, gut nach Jerusalem zu gelangen und wohlbehalten und in Frieden nach Hause zurückzukehren. Da der Emir, wie gesagt, ein Freund unseres Dolmetschers Rabbi Yosef war, sandte er zwei Mamluken aus, um mit dem Anführer der Karawane zu sprechen, damit wir uns der Karawane bis Gaza anschließen könnten und er uns unter seinen Schutz nehme. Der ehrenwerte Karawanenführer antwortete ihm daraufhin, wir sollten die weiße Kopfbedeckung aufziehen, so wie es die Türken und Ismaeliten tun, und uns vor niemandem fürchten. Er lege sein Wort dafür ein, daß wir, mit der Hilfe des HERRN, in Frieden *zum erwünschten Lande*[27] gelangen würden.

Am Sonntag, dem 18. Juli 1481, verließen wir Katiya in Gesellschaft der besagten Türken und gelangten am selben Tag an einen Ort namens Be'ir Daveid[28], das bedeutet Brunnen des Sklaven. Es handelt sich um einen kleinen Ort, an dem es einen Brunnen mit salzigem Wasser gibt. Danach erreichten wir einen Ort namens Savdi[29] und dort verweilten wir bis zur Mitte der Nacht. Am Morgen erreichten wir zur Essenszeit einen Ort namens Arar[30]. In all diesen Orten gibt es Zollstationen. In

Arar blieben wir wegen der großen Hitze bis zum Abend. Mitten in der Nacht kam ein Zöllner zu mir und fragte mich etwas in der Sprache der Ismaeliten. Ich wußte nicht zu antworten, doch der Anführer der Karawane war schnell genug da, um für mich Antwort zu geben. Er sagte: »Sprich nicht mit jenem: Er versteht Eure Sprache nicht, denn er ist Türke.« Auf diese Weise bemerkte der Ismaelit nicht, daß ich Jude bin.

Am Montag, dem 19. Juli, reisten wir ab und erreichten einen Ort namens Malchasein[31], bei dem es sich ebenfalls um eine kleine Siedlung handelt. Dort hielten wir uns fast einen ganzen Tag lang auf, bis ungefähr zur einundzwanzigsten Stunde[32]. In Malchasein gibt es eine große Zollstation. Von dort aus reisten wir am selben Tag weiter und gelangten an einen Ort namens Arish[33]. Bei diesem Ort handelt es sich um Sukkot[34], denn Sukkot heißt in der Sprache der Ismaeliten »A'arish«.[35] Dies ist der Ort, den unser Stammvater Jakob erbaute.[36] Dort steht heute nur ein einziges verfallenes Gebäude. Außerdem gibt es eine Quelle mit salzigem Wasser. In der Nacht kamen die Läuse des Pharao aus dem Sand hervor. Jede dieser Läuse ist so groß wie zwei Fliegen zusammen, und sie sind von leicht rötlicher Farbe. In der Wüste sind sie sehr zahlreich. Man sagt, daß es sich um ebenjene Art von Läusen handelt, die einst den Pharao plagten.[37] Sie fügten mir große Bisse zu, wir aber hatten *limoni*, wie man auf italienisch sagt, bei uns. Denn bereits bei unserer Abreise aus Kairo hatten wir die Früchte zu diesem Zweck mitgenommen, nachdem wir von der Sache erfahren hatten. Es gibt ja außer Zitronensaft keine Medizin gegen diese Bisse. Der Zitronensaft verhindert, daß sich das Übel im Fleisch des Menschen noch weiter ausbreitet. Ich schwöre bei meinem Leben, daß ich niemals zuvor solche Qualen erlitt wie in dieser Nacht. Auch mein Diener Rafael war damit so schwer geschlagen wie ich, und dies gilt auch für einige Türken aus unserer Karawane.

Am Dienstag, dem 20. Juli, brachen wir von dort auf und erreichten einen Ort namens Azika[38], Azan, in der Sprache der Ismaeliten. Dort fanden wir etwas Süßwasser vor, der Ort selbst ist etwa so klein wie Sukkot. Wir machten Rast, um am Morgen zu essen, und dank des Wassers konnten wir uns etwas erholen. Denn in der ganzen Wüste waren wir bis dahin ausschließlich auf salziges Wasser gestoßen. Wir blieben bis zum Abend. Auch hier befand sich eine Zollstation wie bereits an den vorhergehenden Orten. Der Ort selbst ist vier Meilen vom Meer entfernt, und die Ismaeliten wachen von hier aus über die Seeräuber. Jeden Tag faßt man einige dieser Seeräuber, die meisten von ihnen sind aus Rhodos.

Am Abend desselben Tages brachen wir auf und erreichten mitten in der Nacht einen Ort namens Elchaiyunos[39]. Dort gibt es einen großen Fondaco, allerdings trafen wir weder auf Männer noch auf Frauen, denn in der Nacht zuvor waren vier Piratenschiffe aus Rhodos gelandet und hatten sechzig Menschen verschleppt, die sich mit einer Karawane von Kamelen auf der Durchreise befanden. Und alle, die sich in Elchaiyunos befanden, *flohen vor ihrem Geschrei*[40] und machten sich auf nach Gaza. Dabei ließen sie all ihre Habseligkeiten in Elchaiyunos zurück. Die Seeräuber, etwa vierhundert an der Zahl, waren eigentlich an Land gegangen, um auch die Menschen aus dem Fondaco in ihre Gewalt zu bringen, doch fanden sie nichts vor außer der Habe und den Kleidern der Menschen. Die Seeräuber nahmen diese Beute mit und zogen weiter. Der HERR kam uns zu Hilfe und sorgte dafür, daß wir nicht zuvor dorthin gelangt waren, denn ansonsten wären wir in Gefangenschaft geraten (der HERR sei davor!).

Gaza

Am Mittwoch, dem 21. Juli, reisten wir aus Elchaiyunos ab und erreichten Gaza. Als wir ungefähr eine Meile von Gaza entfernt waren, erfuhren wir, daß Beduinen durch die Gegend streiften, so daß niemand es wagte, *zu seiner Haustür herauszugehen*[1]. Eine Meile von Gaza entfernt töteten diese Beduinen drei Menschen und raubten zwanzig mit Waren beladene Kamele. Als wir davon erfuhren, *überkam die Furcht*[2] uns sowie die übrigen Karawanenmitglieder. Dies hielt an, bis wir an einen Ort gelangten, an dem unser Stammvater Abraham zu seinen Sklaven gesagt hatte: *Bleibt ihr hier mit dem Esel*[3]. Denn hier sagte man uns, daß der verbleibende Weg bis Gaza sicher sei. Allerdings ermahnte man uns, die Stadt nicht zu verlassen, bevor sich uns die Möglichkeit zur Weiterreise mit einer Karawane von viertausend oder fünftausend Mann biete. Dem HERRN sei Dank, daß wir in Frieden in Gaza eintrafen.

Bei unserer Ankunft in Gaza sahen wir die Fondachi, die man Elchaiyunis[4] nennt: Dort verweilen die Karawanen in einer Unterkunft, die aus sehr großen Höfen besteht, wobei die Menschen sich in den Gewölben aufhalten, die diese Höfe umgeben. Wir bemerkten, daß all diese Unterkünfte ganz und gar ausgefüllt waren, denn alle in Gaza angekommenen Karawanen verharrten dort aufgrund der erwähnten Wirren. In Gaza hielten sich insgesamt mehr als siebentausend Menschen und zehntausend Kamele auf. Sie befanden sich auf dem Weg nach Damaskus und harrten nun in einem Khan nahe der *Giudecca* aus. Dort erfuhren wir auch, daß *die ganze Stadt bestürzt war*[5], denn der Naifo[6], also der Gouverneur der Gegend, war ausgezogen, um die besagten Beduinen zu bekämpfen und um dem Naifo einer anderen Gegend zu Hilfe zu kommen. Bei jener Gegend handelte es sich um Ramula[7] (das ist Gat[8]), denn dort hatten die Beduinen ihren Angriff begonnen und die Gegend in *Brand gesteckt*[9]. Bislang war nichts über den Ausgang der Kämpfe bekannt geworden, und dies war auch der Grund, weshalb die erwähnten Karawanen weiterhin in Gaza verharrten.

Die Ismaeliten sagen *Gaza* statt wie im Hebräischen *Aza*. Das Land von Gaza ist *gut und fett*[10], und die dort gedeihenden Früchte sind vorzüglich. Auch wird man in Gaza gutes Brot und guten Wein vorfinden, wenngleich niemand außer den Juden dort Wein herstellt. Die Stadt hat einen Umfang von vier Meilen und ist nicht ummauert. Sie ist vom Meer ungefähr sechs Meilen entfernt und erstreckt sich *zwischen einer Ebene und dem Gebirge*[11]. Gaza hat Menschen *so viel wie Sand am Ufer des Meeres*[12], und darunter befinden sich auch sechzig jüdische Familienoberhäupter. Ebenfalls gibt es dort vier samaritanische Familien, die am Hang wohnen. Am Eingang der *Giudecca* befindet sich das Haus von Delila, in dem einst der Held Simson gewohnt hat. Auf einer in unmittelbarer Nähe gelegenen Anhöhe, die etwa eine Achtelmeile entfernt ist, aber noch in den Grenzen von Gaza liegt, sah ich den großen Hof, den Simson aufgrund seiner Kraft und Stärke zum Einsturz brachte.[13] Diese Gebäude liegen bis heute in Trümmern und sind verlassen, so kann man bis auf den heutigen Tag sehen, was für ein großes Gebäude dieser Hof gewesen sein muß.

Von Kairo bis nach Gaza sind es 288 Meilen.

Wie vielfach sind die Stufen der göttlichen Güte gegen uns![14] Und Ihr, meine Herren, sollt wissen, welche Gefahren sich auf der Strecke von Kairo bis nach Gaza auftun und wie wir deshalb vorgehen mußten. Außerdem sollt Ihr wissen, was jeder Mensch beachten muß, wenn er diesen Weg nehmen will. Ich werde all dies hier in Kürze zusammenfassen:

Von dem Garten, in dem der Balsam hergestellt wird, bis nach Gaza, und eigentlich sogar bis zum Umland von Jerusalem, führt der gesamte Weg durch die Wüste. Jeder Mensch muß daher auf seinem Pferd zwei Säcke mit sich führen, einen mit *biscotti*[15] und den anderen mit gehacktem Stroh und Futter für die Tiere. Außerdem braucht man mit Wasser gefüllte Schläuche, denn auf der ganzen Strecke wird man kein Süßwasser, sondern nur Salzwasser vorfinden. Auch muß man Zitronen mit sich führen, und zwar wegen der Läuse, von denen weiter oben bereits die Rede war. Man muß sich gemeinsam mit einer großen Karawane auf die Reise machen, denn in dieser Wüste treiben viele Räuber ihr Unwesen. Auch darf man sich nur langsam fortbewegen, und zwar aus zwei Gründen: erstens wegen des Staubes und des Sandes, denn die Pferde können darin bis zu den Knien einsinken und sich dann nur noch mit Mühe fortbewegen. Zweitens dringt der aufgewirbelte Staub in den Mund des Reisenden ein [wenn er zu schnell reitet]. Dann trocknet der Staub den Hals aus, und der Durst läßt den Menschen zugrunde gehen. Wer aber das salzige Wasser trinkt, wird nur noch durstiger werden. Zudem muß ein Reisender, der die arabische Sprache[16] nicht beherrscht, sich wie ein Türke kleiden, damit niemand erkennt, daß er in Wahrheit ein Jude oder Franke[17] ist. Denn wenn man dies entdeckt, wird ihm selbst ein Erlaßjahr nicht zur Freiheit verhelfen[18] und er wird viel Geld zusätzlich zu den *caparre*, den Wegesteuern, bezahlen müssen. Obgleich man nach Art der Türken und Ismaeliten eine weiße Kopfbedeckung tragen muß, besteht doch die große Gefahr, daß jemand aus der Karawane verrät (der HERR sei davor!), daß man Jude oder Christ ist. Und wenn man all diesen Gefahren entrinnt, wird man doch immer wieder am Wegerand auf Lauernde stoßen, die sich bis zum Hals in den Staub eingraben und zwei oder drei Tage vollkommen ohne Essen und Trinken auskommen. Sie verstecken sich hinter einem Stein, so daß sie die Durchreisenden erspähen, aber selbst nicht gesehen werden können. Sobald sie nun eine Karawane erspähen, der sie zahlenmäßig überlegen sind, kommen sie aus ihrer Lauerstellung hervor und rufen ihre Kameraden herbei. Sodann reiten sie auf *Pferden heran, die schneller als der Leopard sind*[19]. In der Hand führen sie aus Rohrstöcken hergestellte Lanzen, die eine mit Eisen überzogene Spitze haben und sehr hart sind. Überdies halten sie eisenbeschlagene Keulen[20] in den Händen sowie Schilde, die im Inneren mit Hadern gefüllt und deren Außenseiten jeweils mit Pech überzogen sind. Sie reiten unbekleidet, denn bis auf einen Schurz tragen sie nichts am Leib. Auch tragen sie keine Socken, keine Schuhe und keine Sporen. Sie überfallen die Karawane binnen kürzester Zeit und rauben alle Gegenstände und alle Kleider der Reisenden, ja sogar die Pferde. Die Reisenden töten sie mitunter, in der Regel aber begnügen sie sich mit dem Ausrauben.

Deshalb ist es gut, in Begleitung von Türken zu reisen, denn diese sind alle Bogenschützen und werden von den Beduinen sehr gefürchtet. Letzteres hängt damit zusammen, daß die Beduinen [so gut wie] unbekleidet sind und das Bogenschießen nicht beherrschen; zwei Türken schlagen für gewöhnlich zehn Ismaeliten in die Flucht.

Selbst wenn man sich aus den Händen der Beduinen zu retten vermag, droht eine große Gefahr von den Seeräubern, die allesamt aus fremden Ländern kommen. Sie fallen mit Handfeuerwaffen[21] und anderem Kriegsgerät ein und sind kampferprobt. Auch für den Fall, daß es einem gelingt, all diesen Widrigkeiten zu entkommen, bleibt doch eine Gefahr, selbst wenn man sich wie ein Türke kleidet: Sobald man beim Erreichen der Zollstationen irgend etwas tut, was nicht ihrem Brauch entspricht, verstehen die Zöllner sofort, daß man kein Türke oder Ismaelit ist – und genau darauf lauern sie immerfort.

Wer nun fragt, welches diese Bräuche sind und wie man sich entsprechend verhalten soll, dem antworte ich: Wenn man die Zollstationen erreicht, sollte man sofort die Schuhe ausziehen, sich auf den Boden setzen und den Schneidersitz einnehmen. Man vermeide es, die Füße hervorschauen zu lassen oder gar herumzustehen. Auch esse man nur, wenn man auf dem Boden sitzt. Vom Brot soll nichts auf den Boden fallen, und wenn dies doch geschieht, so sammle man die Stücke keinesfalls auf. Man esse nicht, bevor man nicht das Brot auf den Kopf gelegt hat.[22] Den Umsitzenden gebe man von allem, was man zu sich nimmt, etwas ab – selbst wenn sie eigentlich gar nicht mit Dir essen. Niemals entledige man sich seiner Kleider, vielmehr trage man sie auch im Schlaf. Wenn man etwas zu essen angeboten bekommt, küsse man sich die eigenen Hände mit einem gewissen Maß an Unterwürfigkeit.[23]

Wenn man seine Bedürfnisse verrichtet, achte man darauf, daß man

Abb. 8: Zeitgenössische Darstellung von Arabern (»Sarazenen«) in traditioneller Bekleidung. Aus: Bernhard von Breydenbach, *Peregrinatio in terram sanctam*, Mainz 1486.

die Kleider nicht hochzieht. Wenn man Wasser läßt, gehe man in die Hocke, bis man mit dem Glied drei Fingerbreit vom Boden entfernt ist; sodann verrichte man sein Bedürfnis. Denn wenn man auch nur einen Tropfen auf die Beine oder auf die Kleider kommen läßt, gilt man als unrein. Ferner muß man einen Stein nehmen, um das Glied trockenzureiben. Ansonsten wasche man es sofort mit Wasser ab.[24] Überdies gehe man niemals mit Schuhen zu irgend jemandem, und nur im Sitzen, genauer gesagt im Schneidersitz, beginne man ein Gespräch.

Selbst wenn man nichts außer Brot und einem Glas Wein hat und plötzlich jemand kommt, sich daran bedient und davon zu essen und trinken beginnt, lasse man ihn gewähren. Denn sogar im Angesicht der obersten Beamten bedienen sie sich, und man kann nichts erwidern oder sonst dazu sagen.

Ein weiterer ihrer Bräuche: Wenn sie bei der Mahlzeit sitzen, sitzen sie im Kreis, und alle benutzen dasselbe Gefäß, also der Diener ebenso wie sein Herr. Anstatt einen Löffel zu benutzen, greifen sie mit den Händen in die Schüsseln, und sie breiten weder ein Tuch vor sich aus, noch gebrauchen sie Messer und Salz. Ihre Hände wischen sie nie ab. Lediglich unmittelbar nach dem Essen waschen sie sofort ihre Hände bis zur Mitte des Arms. Einige von ihnen benutzen ein feines weißes Pulver, das stark duftet und in der Sprache der Ismaeliten *Rachniya*[25] heißt. Sie befeuchten ihre Hände und waschen diese dann mit dem besagten Pulver.

Ebenfalls ist es unter ihnen Brauch, den Eseln weder Futter noch Wasser zu geben, wenn die anderen Mitglieder der Gruppe dies nicht ebenfalls tun. Die Zuwiderhandlung gilt in ihrer Religion als eine schwere Sünde, denn wenn die umstehenden Pferde[26] bemerken, daß ein anderes Pferd frißt, leiden diese Tiere daran, daß sie selbst nichts zu fressen haben. Dies wäre eine Grausamkeit gegenüber den Tieren.

Daher muß jedermann sehr vorsichtig sein, daß er nicht einen der erwähnten Fehltritte begeht. Denn sonst werden sie bemerken (der HERR sei davor!), daß man ein Jude oder eine Franke[27] ist. Wehe demjenigen, der ins Netz geht!

Wenn man nun all diesen Gefahren entronnen ist, kann es doch immer noch geschehen, daß die Pferde, auf denen man reitet, sterben oder in Jerusalem so gut wie tot ankommen. Ursache hierfür sind das Salzwasser, das die Pferde trinken, sowie die große Hitze. Weitere Gründe sind der in ihr Maul dringende Sand sowie die Tatsache, daß die Tiere bis zu den Oberschenkeln im Sand versinken können. Der Weg ist für die Pferde daher eine große Qual, was auch mit dem Mangel an Futter und der Länge der Strecke zusammenhängt. Deshalb muß der Reisende sehr geschickt vorgehen und *Weisheit über Weisheit erlangen*[28], um seine Seele in solchen widrigen Umständen zu retten. Auch muß er sich immerfort fest an den HERRN halten, damit dieser ihn aus den Händen der Ismaeliten errette. Möge der Wille des HERRN geschehen. Amen.

In der Wüste Sinai stößt man auf jede Menge Knochen von Kamelen, Pferden und Eseln, die dort auf eine der oben erwähnten Weisen verendet sind. In der Wüste wächst überhaupt kein Gras. Jeder Reisende muß eine lange Eisenstange mit sich führen, an deren Spitze Glöckchen befestigt sind. Diese Stange wird in den Boden gerammt, um daran nachtsüber die Esel und Pferde anzubinden, damit diese nicht fliehen. Denn es gibt in der Wüste nichts, woran man die Tiere sonst festbinden könnte, nicht einmal Gestrüpp. Die Eisenstange muß in jedem Fall lang sein. Der Sand gibt der Stange ja keinen Halt, wenn diese nicht mindestens zwei Ellen tief in der Erde steckt, denn erst dort ist der Sand etwas fester.

Ein weiterer Grund, weshalb wir in Gaza ausharren mußten, war die vom Sultan angeordnete Häutung eines wegelagernden Beduinen, die wir mit eigenen Augen beobachteten. Nach der Häutung füllte man die Haut mit gehacktem Stroh aus, um sie auf dem Rücken eines Kamels durch die Stadt zu führen. Daraufhin erhob sich der Bruder dieses Beduinen aus Rache gemeinsam mit einer Gruppe von Gefährten, einem *mächtigen Heer*[29], und sie begannen umherzuziehen, um Menschen auszurauben. Der König setzte ein großes Kriegsvolk auf diesen Beduinen an, *doch konnten sie ihm nichts anhaben*[30]. Vielmehr wurden die Beduinen zusehends stärker. Überdies war auf seiten des Sultans die Zahl der Mamluken gering, denn der König Asampik, auch König Usan Kassan [sic] genannt, hatte dem Sultan den Krieg erklärt. Er nahm drei kleinere Städte des Sultans ein und tötete dreißigtausend Mamluken.[31] Ebenfalls tötete er den großen Rogeiyora[32], das heißt den Stellvertreter des Sultans, vor dem das ganze Land erzitterte und den die Beduinen mehr fürchteten als den Sultan selbst, *denn er hielt Strafgericht über sie*[33]. Nun freilich hinderte sie nichts mehr daran, zu tun und zu lassen, *was ihnen in den Sinn kam*[34]. Wie weiter oben erwähnt, war der Emir von Gaza ausgerückt, um dem Emir von Ramula (das ist Gat) zu Hilfe zu eilen. Er ließ die auf Lanzen aufgespießten Köpfe von elf Beduinen nach Gaza zurücksenden. Diese Lanzen wurden umhergetragen, was ich mit eigenen Augen sah. Elf aufgespießte Köpfe ließ er nach Ramula senden. Doch die Beduinen gewannen schon am Tag darauf wieder die Oberhand und töteten das ganze aus 23 000 Männern bestehende Heer des Naifo von Gaza. Niemand außer dem Naifo und etwa hundert ebenfalls berittenen Kriegern konnte sich retten. Wenn dem Naifo nicht ein anderer Stamm von Beduinen zu Hilfe gekommen wäre, denn die Beduinen hassen sich gegenseitig, wäre alsbald auch er *an die Tore des Todes gelangt*[35]. So aber vermochte er zumindest nach Gaza zurückzukehren, wenngleich *traurig und mit verhülltem Haupt*[36]. Alle Wegstrecken waren höchst gefährlich, und wir wußten nicht, was wir tun sollten. Möge der HERR uns zu Hilfe kommen und uns in Frieden *zum erwünschten Lande*[37] führen.

In Gaza gibt es ungefähr fünfzig jüdische Familienoberhäupter.[38] Sie arbeiten als Handwerker, wobei es unter ihnen auch Leute von großem Ansehen gibt. Sie verfügen über eine schöne und kleine Synagoge. Außerdem gehören ihnen Weinberge, Felder und Häuser. In der Tat waren sie schon im Begriff, den neuen Wein herzustellen. Sie ließen mir viel Ehre zuteil werden, insbesondere gilt dies für Rabbi Moshe ben Rabbi Yehuda Sefaradi, der etwas stottert, sowie für Rabbi Meir Sefaradi Tzoref[39], bei dem es sich um den Schwiegervater von Moshe Marin da Villarreal[40] handelt. Die Juden leben auf einer Anhöhe (und möge der HERR sie noch weiter erhöhen!). Auch das Haus der Delila befindet sich auf einem Hügel, und zwar am Eingang zur *Giudecca*.

Hebron

Wir blieben in Gaza bis zum Montag, dem 27. Juli 1481, und am selben Tag lernten wir dort den Naifo von Hebron kennen, das heißt den Herrn von Hebron. Wir unterhielten uns mit ihm, denn er hatte vor, nach Hebron zu reisen. Er führte mehr als zweihundert Pferde mit sich. Wir schlossen uns ihm bis Hebron an, und so gab es für uns keinen Grund, sich vor den Beduinen zu fürchten. Denn er wird allseits geschätzt, da ihm die Höhle Machpela[1] untersteht. Die Beduinen verehren diesen Ort nämlich mehr als alle anderen Menschen. Wir reisten also sicher mit dem Naifo und kamen in Frieden in Hebron an. Dort sah ich die Höhle Machpela, die in den Grenzen der Stadt liegt. Sie sieht wie folgt aus.*

Hebron gleicht Gaza, jedoch liegt die Stadt in einer Ebene und ist nicht von einer Mauer umgeben. Es ist eine schöne und fruchtbare Stadt. Die Höhle Machpela befindet sich auf einem Feld in der Mitte von Hebron. Die Ismaeliten haben, wie es ihr Brauch ist, darüber eine Moschee errichtet und den Eingang zur Höhle mit einer Mauer umgeben. In dieser Mauer ist ein kleines Fenster angebracht, an dem die Juden beten und durch das man Münzen und wohlriechende Spezereien in die Höhle wirft. Dort beteten wir. Die Ismaeliten bringen dem Ort

---

* Die Zeichnung, auf die Meshullam hier verweist, fehlt in der Handschrift.

sehr große Verehrung entgegen, und sie verteilen dort zu Ehren Abrahams, Isaaks und Jakobs jeden Tag mindestens 13 000 Brote. Zu Ehren Abrahams verteilen sie außer dem Brot auch *Zungen in Senf* [2] sowie ein *zartes und gutes Kalb* [3], ganz so wie es Abraham den [drei] Engeln anbot. Zu Ehren Isaaks verteilen sie *Wildbret* [4] und Köstlichkeiten, ganz so wie er es mochte. Und zu Ehren Jakobs verteilen sie *Brot und das Linsengericht* [5], ganz so wie er es Esau gab. Dies ist stets so, Tag für Tag, und es wird kein Mangel herrschen.[6]

In Hebron leben ungefähr zwanzig jüdische Familienoberhäupter. Mehr sind es jedenfalls nicht. Aus ihrem Mund erfuhr ich, daß in der Moschee über den Gräbern Abrahams und Saras ein goldener, mit Edelsteinen verzierter Leuchter hängt, während über den Gräbern Isaaks, Jakobs, Rebekkas und Leas ein silberner, mit Edelsteinen verzierter Leuchter angebracht ist. Außerdem hängt dort ein weiterer Leuchter, der aus Gold, Seide und Stickereien besteht. Dies weiß man aus dem Munde der jüdischen Frauen, denn viele von ihnen betreten die Moschee, da sie aufgrund des schwarzen Schleiers, den sie über dem Gesicht tragen, nicht erkannt werden. Die Wächter der Höhle meinen daher, daß es sich um Ismaelitinnen handelt. Aus dem Munde der Jüdinnen erfuhr ich außerdem, daß die Höhle Machpela Jahr für Jahr Einkünfte erzielt, einerseits wegen des Grund und Bodens oberhalb der Höhle, andererseits wegen der zahllosen Weinberge, Olivenbäume und Gebäude, die zu ihr gehören. All diese Besitztümer wurden der Höhle von verstorbenen Ismaeliten vermacht, die damit ihre Seele aussühnen wollten. Jahr für Jahr betragen die Bareinkünfte 500 000 Golddukaten.

Am Dienstag, dem 28. Juli, brachen wir aus Hebron auf und machten uns gemeinsam mit zwei guten und ehrbaren Mamluken auf den Weg, denn von Hebron bis nach Jerusalem wird man keine Karawane finden, sondern lediglich hin und wieder Gürtelchristen[7]. Dies hängt damit zusammen, daß die Karawanen den Anstieg nach Jerusalem vermeiden. Daher mußten wir uns mit den beiden Mamluken zusammentun. Zu diesen gesellte sich ein Bastard, ein Ismaelit namens Ali, der die Absicht hatte, uns umzubringen. [Unwissentlich] *wagten wir unser Leben* [8] und brachen auf.

Gegen Abend gelangten wir zu einem Dorf namens Chalibi[9], und bei uns war der erwähnte Bastard. In der Nacht ging er in das Dorf und beriet sich mit drei seiner Räuberkumpanen, wie sie uns auf dem Weg überfallen könnten. Anschließend kehrte Ali zu uns zurück und sprach voller Hinterlist zu uns: Wir und die beiden Mamluken sollten mit ihm weiterziehen, sodann würde er uns einen Umweg zeigen, auf daß wir bis Jerusalem keine *caparre* entrichten müßten. Die Mamluken vertrauten ebenso wie wir seinen Worten, und wir brachen mitten in der Nacht auf. Ali aber führte uns in eine Gegend, die etwa zehn Meilen von Hebron entfernt ist. Dort befindet sich die Ruine eines Hauses sowie eine Grotte, in der Isai – der Vater [König] Davids – begraben ist.[10] Man sagt, daß diese Grotte bis zur Höhle Machpela führt. Ali, dieser Verfluchte, führte uns an Orte, die kein Mensch jemals durchquert hatte, genauer gesagt in einen großen Wald in den Bergen. In der Mitte des Waldes angelangt, sagte dieser verfluchte Ali: »Ich verlange unverzüglich zwei Dukaten«, so wie wir es ihm versprochen hätten. Mein Gefährte, der Turcimanno, antwortete ihm daraufhin: »Wir haben Dir lediglich einen Golddukaten versprochen. Sollten wir nach Jerusalem gelangen, werden wir Dir jedenfalls alles geben, was Du wünschst. Für den Augenblick aber werden wir Dir nur einen halben Dukaten geben, denn mehr als das haben wir nicht bei uns.« Der Bastard aber war nur an unserem Geld interessiert und *erhob falsche Beschuldigungen gegen uns.*[11] Bei sich führte er Pfeil und Bogen und er ritt auf einer schönen Stute, einer *gianetta*[12]. Alsbald verließ er uns und begann in den Bergen nach Verstärkung zu rufen. Als die beiden Mamluken dies bemerkten, folgten sie ihm und *redeten zu seinem Herzen*[13]. Denn Yosef der Turcimanno – dem der HERR die Worte *in den Mund gelegt hatte*[14] – sagte zu ihnen: »Wisset, daß es auch für Euch beide keine Rettung geben wird, wenn dieser Mensch uns Böses antun oder uns töten wird. Denn die Juden wissen von der ganzen Angelegenheit, da sie uns in der Reisegesellschaft des Naifo sahen. Sie werden ihn nach uns fragen, der Naifo aber wird Bescheid wissen [und antworten], daß wir mit Euch weitergereist sind. Daher wird man also Euch nach unserem Verbleib fragen. Was aber werdet Ihr dann antworten?« Die beiden ehrbaren Mamluken, die nicht im Sinn hatten, uns Böses anzutun, antworteten ihm daraufhin: »Bei unserem Leben, seht, daß wir bereit sind, mit Euch zu sterben!« Sie, ebenfalls mit Pfeil und Bogen bewaffnet, gingen daraufhin Ali hinterher und bewegten ihn zur Rückkehr. Rabbi Yosef der Turcimanno war ihnen heimlich gefolgt, um ihren Wortwechsel zu belauschen. Derweil blieben ich und mein Diener Rafael alleine inmitten des Waldes zurück.

Der Turcimanno hörte, wie Ali zu den beiden Mamluken sagte: »Laßt mich nur machen, denn ich habe drei Kameraden, mit denen ich bereits in Chalibi darüber gesprochen habe, daß wir die Reisenden töten und uns ihre Pferde sowie ihre Habseligkeiten nehmen werden. Und jeder *soll gleichen Anteil zu essen haben* [15]. Diese Reisenden sind nämlich sehr reiche Leute, und wer wird schon nach ihnen fragen?« Daraufhin antworteten die Mamluken: »Denk nicht an derlei Dinge, denn unsere Aufgabe ist es, die Reisenden zu schützen. Unser Herr, der Naifo von Hebron, hat uns damit betraut und erwartet Rechenschaft von uns.« Daraufhin erwiderte der Bastard: »Sagt dem Naifo, Ihr hättet sie unweit von Jerusalem verlassen. Oder aber, sie seien von Beduinen angegriffen und getötet worden. Ihr wiederum wäret mit deren guten Pferden geflüchtet, woraufhin die Beduinen Euch nachgesetzt hätten. Denn sie hätten erkannt, daß Ihr Mamluken seid. Es sei Euch also unmöglich gewesen, die Reisenden zu erretten, weshalb Euch auch keine Schuld treffe.« All dies hörte Yosef der Turcimanno, da er heimlich den Mamluken hinterherrannte. Denn wir fürchteten, daß die Mamluken dem Gerede Alis nachgeben würden. Als die Mamluken sahen, daß Ali nicht auf sie hören wollte, sagten sie ihm: »Du kannst zwischen zwei Möglichkeiten wählen: Entweder werden wir Dich hier auf der Stelle töten oder Du kommst mit uns, denn wir wollen nicht, daß Du Deine Gefährten herbeirufst, da wir wissen, daß dies die ganze Schuld uns aufbürden würde. Wenn Du aber mit uns kommst, schwören wir Dir beim Leben unseres Königs, daß wir Dein Geheimnis niemandem verraten werden.« Schließlich kehrte Ali daraufhin wider Willen zu uns zurück. Und einer der beiden Mamluken sagte zu uns: »Laßt uns beide mit diesem verfluchten Menschen vorausreiten, während Ihr uns mit geringem Abstand folgt.« Sie wechselten daraufhin viele Worte untereinander. Fürs erste nahmen die beiden Mamluken ihn sodann in ihre Mitte, damit er nicht entfliehen konnte. So zogen wir bis zum Morgengrauen weiter. In der Nacht hatte uns unterwegs nur der Mond Licht gespendet. Als nun der Morgen anbrach, sagte Ali zu den Mamluken: »Ich möchte meine Stute hier in einem bestimmten Dorf zurücklassen.« Der Grund war, daß er sich davor fürchtete, in Jerusalem anzukommen. Denn er hatte Angst, daß die beiden Mamluken ihn beim dortigen Emir verraten würden. Schließlich ließen wir ihn Richtung Hebron ziehen, während wir uns eilig nach Bethlehem aufmachten. Dort sahen wir an der Hauptstraße[16] das Grab der Rahel, auf dem sich ein Grabmal aus aufgetürmten Steinen befindet.[17] Die Ismaeliten haben über dem Grab, das sie verehren, vier Säulen sowie eine Kuppel errichtet. Dort beten die Juden und die Ismaeliten.

Der HERR hat uns aus den Händen des Räubers [Ali] gerettet. Und anstatt jenem Bösewicht Geld zu geben, schenkten wir nun jedem der Mamluken jeweils einen Dukaten. Darüber hinaus mußten wir keine *caparre* für den Umweg zahlen, den wir gemacht hatten. Auf dem Weg von Hebron nach Jerusalem muß man in der Regel sieben Mal *caparre* entrichten.

Jerusalem

An ebendiesem Tag erreichten wir die Heilige Stadt Jerusalem in Frieden. Denn der HERR hatte uns diese beiden Mamluken gesandt, um unsere Seele vor dem Tod zu retten. Beim Anbruch des Morgens sahen wir auf der Straße über zehntausend Männer, die gegen die Beduinen auszogen. Daher *konnte niemand heraus- oder hineinkommen.*[1] Seht, meine Herren: Wenn wir unterwegs einen Tag länger verweilt hätten, wäre es unmöglich gewesen durchzukommen. Wir wären also in eine große Gefahr geraten. Gepriesen sei der HERR und gepriesen sei sein großer Name; *er erweist Schuldigen Wohltaten.*[2]

Am Mittwoch, dem 29. Juli 1481, erreichten wir die Heilige Stadt Jerusalem. Als ich das Ausmaß ihrer Zerstörung mit bitterem Herzen sah, riß ich mein Gewand eine Handbreit ein und sprach das Gebet, das dann zu sprechen ist und das ich einem kleinen Buch entnahm, das ich mit mir führte.[3] Wegen unserer Sünden hat Jerusalem keine Stadtmauern.[4] Lediglich auf der Seite, von der ich die Stadt betrat [gibt es ein kleines Stück Stadtmauer]. Und obgleich die ganze Stadt aufgrund unserer Sünden in einem Zustand der Zerstörung liegt, leben in ihr 10 000 ismaelitische und 250 jüdische Familienoberhäupter.

Der Tempel ist immer noch von einer Mauer umgeben (möge er zu unseren Lebzeiten rasch wiederaufgebaut und wiederhergestellt werden. Amen). Auf der östlichen Seite befinden sich die *Tore des Erbarmens*[5]: Sie sind ungefähr zwei Ellen tief ins Erdreich eingesunken; der

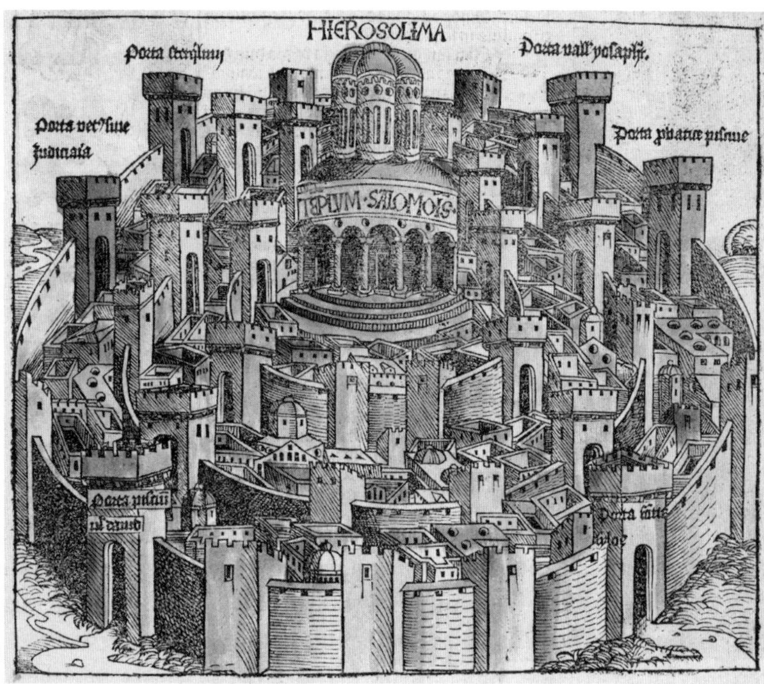

Abb. 9: Jerusalem mit dem Tempel Salomos. Phantasieansicht aus der lateinischen Ausgabe der Weltchronik des Zeitgenossen Hartmann Schedel: *Liber chronicarum*, Nürnberg 1493.

restliche Teil erhebt sich über dem Boden, die Tore selbst sind allerdings verschlossen. Am Rande dieser verschlossenen Toröffnungen liegen Gräber der Ismaeliten. Der Unterschied zwischen dem Bau des Königs Salomo (Friede sei mit ihm!) und den Bauten der Ismaeliten ist unschwer zu erkennen. Was die großen Steinblöcke in den Mauern betrifft, so fällt es schwer sich vorzustellen, wie Menschenkraft sie an ihren Bestimmungsort gehievt hat. Rings um den Tempel findet man Gewölbe, die auf Säulen ruhen. Diese Säulen stehen auf einem großen Steinboden, der sich innerhalb des Tempelbezirks befindet. Der Tempel hat meiner Schätzung nach einen Umfang von einer halben Meile. Auf der westlichen Seite am Boden gibt es eine um ungefähr *drei Fingerbreiten* erhöhte Stelle, von der behauptet wird, dies sei der Gründungsstein.[6] Dort erhebt sich eine außerordentlich schöne vergoldete Kuppel.

Sie ist quadratisch[7], wobei dieses Quadrat eine Seitenlänge von ungefähr zwanzig oder vielleicht auch dreißig Ellen hat.[8] Die Kuppel selbst ist sehr hoch, und die Ismaeliten haben sie mit Blei abgedeckt.[9] Sie sagen, es handele sich ohne jeden Zweifel bei diesem Ort um das *Allerheiligste*. Am Rande des *Allerheiligsten* gibt es einen Ort, der sich zweieinhalb Ellen erhebt und dessen Ecken von vier Steinen gebildet werden, damit man etwas erhöht stehen kann. Dort befindet sich ein Brunnen mit Quellwasser, der sich ebenfalls unter der Kuppel befindet.[10] Die Ismaeliten steigen nicht in diesen Brunnen, es sei denn, sie nähmen zunächst fünf Waschungen vor. Ebenso nähern sie sich in diesem Fall drei Tage zuvor keiner Frau. An diesem Ort stehen ismaelitische Diener [der Moschee], die in großer Reinheit leben. Auch zünden sie dort sieben Kerzen an.

Meine Herren, erfahrt nun etwas, woran es keinen Zweifel gibt: Jedes Jahr, wenn die Juden am Vortag von *Tisha be-Av*[11] zu jener Synagoge [sic] gehen, erlöschen von selbst sämtliche Kerzen, die im Tempelhof brennen. Vor Ablauf dieses Tages gelingt es nicht, die Kerzen wieder zu entzünden. Zwar haben die Ismaeliten dies immer wieder versucht, allerdings sind sie jedes Mal gescheitert. Die Ismaeliten wissen [daher], wann *Tisha be-Av* ist, und sie begehen diesen Tag aus den besagten Gründen fast genauso wie die Juden. Dies ist offenkundig und jedermann bekannt. Es besteht kein Zweifel daran.

Auf der südlichen Seite des Tempels steht ein anderes schönes und großes Bauwerk, das ebenfalls mit einem Bleidach bedeckt ist. Es wird *Midrash Shelomo* genannt.[12] Im Tempelbezirk gibt es etwa zehn Olivenbäume. Im Augenblick errichten die Ismaeliten dort auf Befehl des Königs einen Ort, an dem er verweilen kann, wann immer er nach Jerusalem kommt.[13]

Dort, wo einst die Mauern des Tempels zerstört und niedergebrannt worden waren, haben die Ismaeliten neue Mauern gebaut, so daß der Tempel wieder vollständig ummauert ist. Gleichwohl ist der Unterschied sehr offenkundig zwischen dem, was von den Ismaeliten erbaut wurde, und den sehr hohen [ursprünglichen] Mauern, obgleich letztere schon nicht mehr so hoch sind wie einst (all dies wegen unserer Sünden). Der Tempel hat zwölf Eingänge, von denen fünf geschlossen sind. Zwei davon sind die *Tore des Erbarmens*: Durch das eine zogen einst die Bräutigame ein, durch das andere die Trauernden.[14] Nun sind sie mit eisernen Pforten verschlossen. Die beiden Tore erheben sich vier Ellen über dem Boden und reichen zwei Ellen tief ins Erdreich hinein. Die drei anderen Tore wurden von den Ismaeliten zu einem Teil der Mauer umgebaut, wenngleich man nach wie vor ihre Spuren sieht. Vor all den erwähnten Toren findet man breite und schöne Straßen, die gewölbeartig überdacht sind und zu beiden Seiten von Häusern gesäumt werden, in denen einst die Wallfahrer zu wohnen pflegten. Inzwischen aber haben – aufgrund unserer Sünden – die Ismaeliten dort Geschäfte für allerlei Waren eingerichtet.

Der Tempel liegt auf dem Berg Morija (auf dem Abraham seinen Sohn Isaak band[15]). Gegenüber davon – in östlicher Richtung – erhebt sich der Ölberg, dazwischen liegt das Tal Joschafat.[16] Etwas weiter oberhalb, nördlich des Tempels und des Ölbergs, beginnt dieses Tal, das tief und eng ist und im weiteren Verlauf erheblich breiter wird. Auf dem Gipfel des Ölbergs befindet sich die Grotte der Prophetin Hulda, dort ist sie begraben.[17] Oberhalb der Grotte stehen ein Grabstein sowie ein nur geringfügig verfallener, großer Bau. Geht man ein wenig den Hang des Ölbergs hinab, erblickt man die Grotte des Propheten Haggai; ruhe er dort in Ehren![18] Dreißig Schritt von dort entfernt, befindet sich gegenüber dem Tempel das Grab des Propheten Habakuk (Friede sei mit ihm!).[19] Unten im Tal, etwas in südlicher Richtung, findet man das Grab des Absalom: Es ist ein Turm, der aus einem einzigen Stein besteht, der seinerseits aus dem großen anliegenden Felsen herausgeschlagen wurde. Das Grabmal spitzt sich diamantenförmig[20] zu und ist sehr schön anzusehen. Es ist ein hoher Turm und von Säulen umgeben. Das ganze Bauwerk, mitsamt den Säulen, ist aus einem einzigen Stein gefertigt.[21] In der Umgebung des Turms liegen die Grotten einiger Gerechter[22], die dort begraben sind.

Etwas weiter Richtung Süden findet man die Grotte des Propheten Sacharja (Friede sei mit ihm!). Sie gleicht dem turmförmigen Grabmal des Absalom, allerdings ist der Eingang zur Grotte sichtbar. Außerdem besteht die Kuppel dieses Turmes aus zwei Steinen.[23] Im Inneren der Grotte befinden sich Gräber von Gerechten, die allesamt in einer aus einem einzigen Steinblock gefertigten Grabanlage vereint sind. Alle Ismaeliten, die am Grab Absaloms vorbeigehen, werfen einen Stein auf diese Grabanlage, denn Absalom rebellierte einst gegen den eigenen

Vater.[24] So kommt es, daß vor dem Grabmal ein großer Haufen von Steinen liegt, die jedes Jahr von neuem weggeräumt werden.

Südlich davon erhebt sich der Berg Zion, das ist die Stadt Davids. Auf diesem Berg steht unweit vom Grab des Königs David eine Kirche des heiligen Franziskus.[25] Das Davidsgrab ist ein Bau, der eine große, aus Eisen gefertigte Türöffnung aufweist. Die Ismaeliten haben den Schlüssel in ihrem Gewahrsam. Sie bringen dem Ort große Verehrung entgegen und pflegen dort zu beten. Weiter unterhalb kann man den Hang hinabgehen und gelangt ins Tal des Sohnes Hinnom[26], das seinerseits zum Tal Joschafat hinabführt. Westlich davon schließt sich *der Millo* an, eine unweit der Stadt gelegene Ebene, in der die Menschen umherwandern können, wie es vor allem die Juden tun.[27] Geht man auf diesem Weg zwei Meilen nach Westen, gelangt man zu einer Grotte mit einer eigens errichteten Öffnung. Die Grotte befindet sich auf der rechten Seite der Hauptstraße, die aus Jerusalem hinausführt, und ihre Öffnung ist aus behauenen Steinen errichtet. Betritt man die Anlage, so sieht man, daß diese ganz aus Tuffstein besteht und weitere Grotten enthält. Die Grotten liegen übereinander, was sehr schön anzusehen ist. Begraben sind hier die siebzig Mitglieder des *Sanhedrin*.[28] An diesem Ort betete ich. Geht man noch zwei Meilen weiter, steigt man in ein anderes Tal hinab, in dem eine große steinerne Brücke steht. Dies ist der Ort, an dem David den Philister [Goliat] tötete.[29]

Anschließend bestieg ich einen hohen Berg, der weitere zwei Meilen entfernt liegt. Von Jerusalem ist er sechs Meilen (oder etwas weniger) entfernt. Es handelt sich um Rama[30], die Stätte unseres Herrn, des Propheten Samuel (Friede sei mit ihm!). Etwa eine halbe Meile vor Rama findet man zwei Wasserbecken, ein oberes und ein unteres. Beide waren leer und ohne Wasser. Als ich die Anhöhe des Berges von Rama bestieg, erblickte ich eine befestigte Stadt mit hohen, stark zerstörten Türmen und einem verschlossenen Haus, das den Juden gehört. Der Synagogendiener namens Rabbi Moshe ben Rabbi Shemuel schloss mir dieses Haus auf. Es handelt sich um ein schönes und hohes Gebäude mit gewölbten Decken. Anschließend betrat ich einen Raum in einem Haus, das genauso oder jedenfalls nur etwas weniger geräumig und groß war. In diesem Haus führt eine steinerne Leiter hinab zu einer Grotte, deren Öffnung ebenfalls verschlossen ist. Im Gebäude selbst befindet sich die Synagoge, in der ein ewiges Licht brennt, sowie das Grab unseres Herrn, des Propheten Samuel (Friede sei mit ihm!), sowie seines Vaters Elkana, seiner Mutter Hanna und seiner zwei Söhne. An diesem Ort versammeln sich alle Juden Jahr für Jahr, wobei einige von weither kommen, so etwa aus Babel[31], Aram Tzova (das heute Chalibi[32] heißt), Chamat[33], Gaza, Damaskus und Kairo sowie von anderen Orten. Allein von auswärts kommen jedes Jahr mehr als tausend Menschen am Achtundzwanzigsten des Monats Iyyar zusammen, um in der besagten Grotte Klagelieder anzustimmen und zu beten, denn an jenem Tag wurde sein *Leben eingebunden in das Bündlein der Lebendigen.*[34] Alle Juden, die dorthin wallfahren, pflegen vor Ort Öl zu kaufen, um es dieser Synagoge zu überlassen. Auch ich, der ich noch so jung bin, habe dort gebetet und dem Brauch gemäß Öl gespendet.[35] Während ich betete, plagte mich ein schweres, mächtiges Fieber; dies war Ende Juli 1481.

Auch an diesem Ort sah ich eine Wasserstelle unterhalb der kleinen Grotte, die von Rama ungefähr eine Achtelmeile entfernt ist. Dort badete Hanna, die Gerechte und Mutter Samuels von Rama. Auf dem Rückweg nach Jerusalem erblickte ich in einer Meile Entfernung und in nördlicher Richtung das Grab Simeons des Gerechten.[36] In seiner Grotte befinden sich einige weitere Grotten von Gerechten und Frommen, deren Namen wir allerdings nicht kennen. In der ganzen Umgebung Jerusalems gibt es Grotten, in denen unzählige Fromme und Gerechte bestattet sind, allerdings wissen wir nichts über sie außer dem, was uns dank jener Aufzeichnungen bekannt ist, die auf die mündliche Überlieferung aus Urzeiten zurückgehen. Man kann letztlich nicht wissen, welche Gräber die richtigen sind, denn die Ismaeliten verehren all diese Orte ebenfalls und sie können wie wir eine eigene mündliche Überlieferung vorweisen. Sie sagen mithin zu den Juden: »Warum geht Ihr nicht zum Grab dieses Gerechten oder jenes Propheten?« Die Ismaeliten haben mehrmals darum gebeten, daß all diese Gräber verschlossen werden und als Heiligtümer in ihren Gewahrsam gelangen. Der HERR aber vereitelte ihr Ansinnen und erhörte sie nicht, denn *der Hüter Israels schlummert und schläft nicht.*[37]

Die Gebäude Jerusalems sind sehr schön, und die Steine sind größer als an all den anderen Orten, die ich gesehen habe. Das Land ist das *Land, in dem Milch* [*und Honig*] *fließt*[38], obgleich die Stadt in den Bergen liegt und sich in einem verheerten und verwüsteten Zustand befindet. Alles ist günstig zu erstehen, und Früchte sind überaus vorzüglich und schön. Zudem gibt es dort vier verschiedene Sorten von Honig: Honig aus Trauben (er ist hart wie Stein und vortrefflich), Honig aus dem Johannisbrotbaum (er ist sehr gut und erfrischend), Dattelhonig sowie Bienenhonig. Ferner gibt es auch Weizen, Gerste und Granatäpfel sowie eine Reihe weiterer Früchte, all dies ist überaus gut und schön. Auch haben sie sehr gutes Olivenöl, allerdings benutzen sie für ihr Essen nur Sesamöl, denn es ist in der Tat ausgezeichnet.

Die Ismaeliten ebenso wie die einheimischen Juden benehmen sich beim Essen wie Schweine, denn alle essen mit den Fingern aus einem Gefäß und ohne ein Tuch als Unterlage, so wie es auch in Kairo üblich ist. Ihre Kleider hingegen sind sauber. Auch verfügen sie über Esel, deren mit Edelsteinen und Goldfäden verzierte Sattel ein Vermögen wert sind. Dasselbe gilt für Kairo, dort teilweise sogar in noch höherem Maße. Die Gesetze der Ismaeliten unterscheiden sich von denen aller anderen Völker, denn sie nehmen sich ganz nach Belieben zwanzig oder dreißig Frauen, aber die Männer bekommen ihre Frauen erst im Haus zu Gesicht.[39] Überdies gibt der Gatte der Ehefrau eine Morgengabe. Von jenem Tag an muß der Ehemann seiner Frau nichts außer Essen zur Verfügung stellen; für Bekleidung und für alles übrige muß sie selber sorgen. Während einer Schwangerschaft und noch zwei Monate nach der Geburt berührt der Ehemann die Frau nicht, denn es gilt unter ihnen als eine große Sünde, *den Samen umsonst zu verschütten*[40], sogar mit ihren Ehefrauen. Alle Söhne und Töchter, die aus der Ehe hervorgehen, müssen von der Frau ernährt und eingekleidet werden. Daher rührt es, daß die Frauen weithin als Huren bekannt sind. Wenn die Frau nicht länger bei ihrem Gatten bleiben will, tritt sie vor den Naifo der Stadt und teilt mit, daß der Gatte *ihren Zähnen nichts von der Beute abgibt*[41]. Wenn ihre Aussage zutrifft, muß der Mann ihr unverzüglich den Scheidebrief [*get*] ausstellen; denn die Ismaeliten geben der Frau einen Scheidebrief, wie die Juden. Alle, egal ob *Männer, Frauen oder Kinder*[42], und einerlei, ob Jude oder Ismaelit, halten sich an diese Sitten, und ebenso schlafen sie alle in ihren Kleidern. Diese genannten Sitten sind nicht nur in Jerusalem, sondern im ganzen Königreich des Sultans[43] verbreitet. Ich habe all dies hier beschrieben, weil ich es in den Abschnitten zu Alexandria und Kairo vergessen hatte. Freilich gilt *ein und dasselbe Recht*[44] für sie alle.

In Jerusalem war ich krank, und zwar vom Tag meiner Ankunft bis zu meiner Weiterreise nach Damaskus. Wenn der HERR sich nicht meiner erbarmt hätte, wäre ich an die *Tore des Todes*[45] gelangt. Der HERR sorgte dafür, daß ein aschkenasischer Jude namens Rabbi Yaakov di Coloniano[46] gemeinsam mit seiner Frau und seiner Schwiegermutter mich vollkommen gemäß den bei uns gültigen Gepflogenheiten behandelte, obwohl ich auf Befehl des Königs im Hause des ehrenwerten Vize-Nagid wohnte. In diesem Haus ließ man mir größte Ehrerbietung zuteil werden, allerdings konnte ich die dort zubereiteten Speisen ganz und gar nicht vertragen, denn schon für den Gesunden sind sie ungewohnt und fremdartig, und erst recht gilt dies für einen Kranken wie mich. Besagter Yaakov aber und die Mitglieder seines Hauses blieben Tag und Nacht bei mir, und sie kochten für mich sowie für meinen Diener Rafael, denn dieser war ebenfalls erkrankt. Dank der gründlichen Diäten[47] und der Hilfe des HERRN in allen Belangen kam ich wieder sehr zu Kräften. Auch Yosef der Turcimanno gelangte bis *an die Tore des Todes*[48], und ich mußte ihn [in Jerusalem] krank zurücklassen. Es verwundert nicht, daß immer wieder die Ausländer in dieser Gegend erkranken; erstaunlich ist hingegen, daß sie nicht allesamt daran sterben (angesichts der Anstrengungen der Reise und angesichts der großen Hitze, unter der die Reisenden unterwegs leiden). Zudem wehen in Jerusalem, ob im Sommer oder im Winter, jeden Tag Winde aus allen vier Himmelsrichtungen. Dergleichen habe ich noch nie zuvor erlebt. Diese Winde lassen kein Organ des menschlichen Körpers unverschont und töten diese ab. Während unseres Aufenthalts in Jerusalem starben in der Tat jeden Tag ein oder zwei Juden einen plötzlichen Tod. Sie wurden an einem Hang im Tal Joschafat begraben, denn dort sind die Gräber Israels. Mir kam der HERR zu Hilfe, und er verließ mich nicht. Ich habe nur zwei Tage gebraucht, um all die besagten Orte in Jerusalem zu sehen, denn diese Stätten liegen sehr nah beieinander.

Die ehrbaren Juden sind die folgenden: Rabbi Yosef da Montagna Ashkenasi (er ist der Parnas)[49], Rabbi Yaakov, Euer Ehren[50] der Vize-Nagid Moshe, Euer Ehren Amram Tzedakia, Euer Ehren Ovadia Shemuel, Euer Ehren Mordechai Chalaftan, Euer Ehren Yaakov Yosef ben Rabbi Ovadia Avraham, Euer Ehren Natan Shemuel ben Rabbi Yosef sowie Ovadia ben Rabbi Shemuel. Die hier genannten sind die Richter [*dayyanim*] sowie die Ältesten [der Juden] von Jerusalem. Die Gelehrten[51] der Gemeinde sind: Rabbi Shalom Ashkenasi (er ist ein Rabbiner), Rabbi Natan (ebenfalls ein Rabbiner) sowie drei oder vier andere Rabbiner, deren Namen mir allerdings nicht bekannt sind. Als Richter [*shoftim*] fungieren: Scheich Moshe (Scheich bedeutet: »Richter« [*shofet*]), Scheich Shemuel, Scheich Chalfa, Scheich Sevillano und Scheich Nissim.[52]

Jedes Jahr an Tisha be-Av ziehen all diese Würdenträger – und in ihrem Gefolge die ganze Gemeinde – zum Berg Zion, um dort *Klagelieder anzustimmen und Tränen zu vergießen*[53]. Von dort aus steigen sie in das Tal Joschafat hinab und ziehen sodann auf den Ölberg, denn von letzterem aus sieht man den ganzen Tempel. Auf dem Ölberg vergießen sie angesichts der Zerstörung des Tempels erneut *Tränen und stimmen Klagegesänge*[54] an. Auf dem Ölberg gibt es noch immer Olivenbäume. Die Ismaeliten nennen Jerusalem und seine Umgebung mitsamt dem Ölberg und dem Berg Zion »Al-Kuds«[55], also »Al-Kodesh« [sic], denn diese ganze Gegend wird als eine heilige bezeichnet. Möge es der Wille unseres Vaters im Himmel sein, daß Jerusalem zu unseren Lebzeiten rasch wiederaufgebaut und wiederhergestellt wird. Amen.

Von Jerusalem über Jaffa nach Damaskus

Am 26. August 1481 brachen wir von Jerusalem auf, um uns in Frieden auf die Heimreise zu begeben. Möge es der Wille des HERRN sein, daß wir in Frieden und unter dem Schutz seines Schildes *zum erwünschten Lande*[1] gelangen. An diesem Tag gelangten wir bis zu einer ganz verheerten Stadt, die am Hang eines Berges liegt. Es handelt sich um Nob[2], die Stadt der Priester, die von Jerusalem ungefähr ein *Kachi*[3], das sind zwölf Meilen, entfernt liegt. Dort aßen wir und verweilten, bis es Abend wurde, wegen der großen Hitze, aber vor allem wegen eines schweren und furchtbaren Fiebers, an dem ich litt. Am selben Tag reisten wir von dort aus weiter, obgleich ich einen so starken Kopfschmerz hatte, daß ich mich nicht im Sattel halten konnte. Gegen Mitternacht kamen wir in einer Stadt namens Ramula an (das ist Gat).

Ramula gleicht als Stadt Gaza, und in der Tat fehlt ihr ebenfalls eine Stadtmauer. Wir verweilten nur kurz, bis zum Morgengrauen, in einem

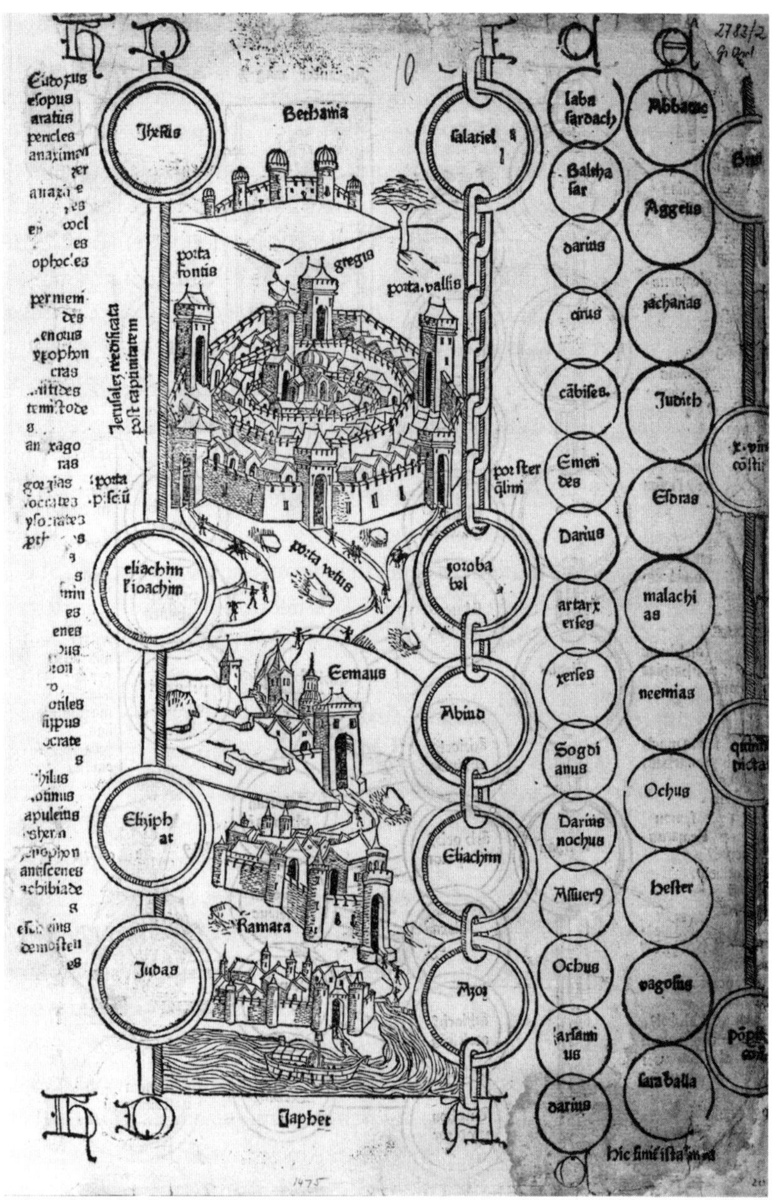

Abb. 10: Zeitgenössische Darstellung des Weges von Jerusalem nach Jaffa (»Japhet«). Aus: Lucas Brandis, *Rudimentum novitiorum*, Lübeck 1475.

Khan (das heißt Fondaco) am Rande des Weges, den Ausländer und Karawanen nehmen, um nach Damaskus zu gelangen. Ramula liegt nämlich auf der Strecke von Kairo nach Damaskus. Am Tage unserer Ankunft erblickte ich den Bruder jenes Türken, der gegenwärtig König von Konstantinopel ist. Er war vor seinem Bruder geflohen, *traurig und mit verhülltem Haupt*[4]. Sein Troß zählte zwar vierhundert Mann, doch hatte er nicht einmal einen Groschen bei sich. Er ist ein kleiner und etwas dicker Mann von ungefähr 22 Jahren.[5] Auf Befehl des Königs wurde er von allen Würdenträgern Jerusalems ehrenvoll empfangen. Wahrhaftig waren in Gat mehr als 30 000 Menschen zusätzlich zur Einwohnerschaft versammelt. Sie trommelten ihm zu Ehren auf Tamburinen[6], deren Umfang jeweils vier Ellen betrug. Andere Musikinstrumente haben sie nicht.

Von Jerusalem bis nach Gat sind es 26 Meilen.

Am Montag, dem 28. August, erreichten wir Jaffa, das von Gat sechs Meilen entfernt liegt. Jaffa liegt, ganz in Trümmern, am Meer. Die Stadt erstreckt sich am Hang einer leichten Anhöhe, und dort steht ein Turm zur Wacht über das Meer. Das Meer geht hier in einen Strand über. In Jaffa trafen wir auf den Naifo von Jerusalem sowie auf den Dolmetscher des Königs, der sich ebenfalls in Jerusalem aufgehalten hatte. Diese beiden waren gemeinsam mit einem Troß von vierhundert Mann am vorangegangenen Shabbat nach Jaffa gekommen. Dieser Troß begleitete auch eine Gruppe, die aus christlichen Pilgern und ihrem Schiffsherrn bestand, und hatte sich zum Schutz der Reisenden verpflichtet. Denn alle diejenigen, die zum Heiligen Grab[7] auf dem Berg Gilboa [sic!] in Jerusalem pilgern (den sie Golgota nennen), zahlen für den Zutritt 14 Dukaten pro Kopf. Im Gegenzug verpflichten sich die Männer aus dem Troß zur Begleitung der Pilger, um so den Schutz vor Beduinen und anderen Übeltätern zu gewährleisten.

An jenem Tag ging ich an Bord des Schiffes, mit dem auch die christlichen Pilger reisten. Der Name des Schiffsherrn war Messer Agostino Contarini.[8] Er verschwieg den Pilgern, daß es sich bei mir und meinem Diener um Juden handelte. Somit glaubten sie alle, wir seien christliche Kaufleute (der HERR sei davor!).[9] Bei den Pilgern handelte es sich sämtlich um böse Menschen aus deutschen Landen und aus Frankreich: Es waren Ritter, Fürsten und Herren. Deswegen erwies ich ihnen allerlei Gefälligkeiten, denn ich erhoffte mir davon, daß sie im Falle meiner Enttarnung als Jude nicht wagen würden, mir Böses anzutun. Was ich vorhergesehen hatte, trat tatsächlich ein: Als sie erfuhren, daß ich ein Jude bin, waren sie sehr verblüfft[10]. Da sie mich bereits ins Herz geschlossen hatten, vermochten sie ihre Einstellung zu mir nicht mehr zu ändern.

Dienstag, drei Stunden vor Morgengrauen, hißten wir die Segel, um die Fahrt zum Hafen von Beirut anzutreten, denn dort lagerte für unseren Schiffsherrn eine Lieferung von Gewürzen, die aus Damaskus eingetroffen und für Venedig bestimmt war.

Möge es der Wille des HERRN sein, daß wir in Frieden reisen und zu unserem Haus wohlbehalten und in Frieden zurückkehren. Möge dies sein Wille sein. Amen.

Am Donnerstag morgen trafen wir in Beirut ein. Beirut ist eine kleine, vollkommen verwüstete Stadt, die ein …[11] hat und am Meer liegt. Sie hat keine Stadtmauern und ist wahrlich sehr klein. Die Küste besteht dort aus einem Strand, dem allerdings so viele Felsen vorgelagert sind, daß wir mit dem Schiff nicht näher als eine halbe Meile an die Stadt herankommen konnten. Wir gingen daher mit einem *schifo* an Land, fanden allerdings die Ware nicht vor. Unser Schiffsherr erzürnte darüber sehr. Nach einer Mahlzeit machte sich sofort sein Marokkaner [?][12] gemeinsam mit zwei Dienern auf Maultieren und Eseln auf den Weg nach Damaskus. Ich und mein Diener begleiteten sie, außerdem waren zwei Mamluken sowie der Tiertreiber mit dabei. Wir gelangten in zweieinhalb Tagen nach Damaskus. Dermaßen schlechte Straßen gibt es nirgendwo sonst auf der Welt. Und die Berge auf der Strecke sind schlimmer als die Berge von Bologna[13], was vor allem mit den Felsbrocken zusammenhängt, die auf der Straße liegen und den Tieren das Gehen unmöglich machen. Wir erreichten Damaskus am Sonntag, dem 3. September 1481.

Von Gat bis nach Beirut sind es 166 Meilen. Von Beirut bis nach Damaskus sind es 90 Meilen.

Damaskus liegt in einer Niederung zwischen zwei Bergen. Nirgends auf der Welt findet man etwas so Schönes wie Damaskus. Die Stadt ist von einem guten und weitläufigen Umland umgeben, und die dortigen Früchte sind vorzüglich und überaus schön. Damaskus hat keine Stadtmauern.[14] Meines Erachtens beträgt ihr Umfang 15 Meilen. Die Einwohner der Stadt sind sehr schöne Menschen. In allen Dingen, die sich vergleichen lassen, übertrifft sie Kairo und alle übrigen Städte, die ich bis dahin gesehen hatte. Denn so viel Pracht und so viele Waren wie in Damaskus habe ich nie zuvor erblickt. In der Stadt befindet sich auch der Sitz der Münze[15], wo *Ashrafi*[16], *Maidi* und *Dirhem*[17] geprägt werden. Die Münze ist in einem Innenhof mit einem großen Steinboden untergebracht. In dessen Mitte steht zwischen zwei Quittenbäumen ein Springbrunnen. Der Hof hat zwei große Zugänge. An dem hinteren Zugang gibt es ein großes und überaus schönes Badehaus (also eine *stufa*), das mit Mosaiken und Jaspis ausgestattet ist: eine einzige Augenweide. Auch in Damaskus gibt es große Basare, vier an der Zahl und jeder mit einem eigenen Eingang: Auf dem ersten werden Edelsteine und Perlen gehandelt, auf dem zweiten allerlei Gewürze, auf dem dritten Seidenstoffe und schließlich auf dem vierten Damaszener Handwerkskunst aus Kupfer mit Gold- und Silberüberzug. An den Eingängen dieser Basare stehen Tag und Nacht Wachen. Es ist wundersam, die Händler der Stadt und ihre Waren zu betrachten.

In Damaskus leben überdies ungefähr 450 jüdische Familienoberhäupter, die allesamt reich und angesehen sind und ihr Geld als Händler verdienen. An ihrer Spitze steht ein weiser, ehrenwerter und frommer Jude namens Rabbi Yosef ha-Rofe[18]. Den Namen seines Vaters habe ich vergessen, auch gibt es weitere angesehene und bedeutende Juden, deren Namen mir entfallen sind. Der besagte Rabbi Yosef ließ mir sehr große Ehre zuteil werden, und so taten es auch andere aus der Stadt.

Von Beirut nach Venedig

Am Mittwoch, dem 6. September, reisten wir von Damaskus ab und kehrten nach Beirut zurück, allerdings ohne die Ware (über den Grund dafür, weiß ich nichts). Wir erreichten Beirut am Freitag, dem 8. September, im Morgengrauen. Am selben Abend setzten wir in Frieden unsere Reise [mit dem Schiff] fort.

Am Samstag, dem 9. September, kam uns gegen Mitternacht ein venezianisches Schiff von 300 Fässern entgegen. Als es sich uns näherte, schärfte der Steuermann den Wachen am Bug unseres Schiffes ein, sie sollten aufmerksam Ausschau halten, was es mit jenem Schiff auf sich habe. Doch der Wachmann war betrunken und sagte: »Ich sehe nichts außer einem Turm an der Küste.« Der Steuermann des kleinen Schiffes schrie – da er uns immer näherkam – kurz darauf, wir sollten nach rechts ausweichen, was wir allerdings nicht mehr konnten. Die beiden Schiffe stießen zusammen, und wir befürchteten einen Schiffbruch. In der Tat wurde die Hälfte unseres Bugs beschädigt, und so erging es auch dem anderen Schiff. Daraufhin erhob sich *ein großes Geschrei voller Bitternis*[1]. Der HERR aber kam uns zu Hilfe, denn es herrschte nur ein lauer Wind und der Zusammenstoß war nicht ganz so heftig gewesen. Hätte aber, der HERR sei davor!, starker Wind geherrscht, hätte es keine Rettung gegeben, und wir wären untergegangen (der HERR sei davor!).

Am Sonntag, dem 10. September 1481, kamen wir in Zypern an. Zypern ist eine Insel mit einem Umfang von siebenhundert Meilen. Sie ist reich an guten Dingen, und ihre Früchte sind vorzüglich und außerordentlich schön. Die Insel untersteht Venedig. Allerdings ist ihre Luft überaus widrig, was mit den unterschiedlichen Winden zusammenhängt, die dort ständig wehen. Die Insel verfügt über einen Bischofssitz und eine Reihe von schönen, kleineren Städten. Die Namen der Städte lauten: Famagusta (diese ist unter allen Städten der Insel die schönste), Nikosia, Lomiso[2] und Bafo[3]. Lomiso und Bafo liegen am Meer. Die Insel selbst liegt [vom Schiff aus] zur rechten Hand. Es gibt noch eine weitere Stadt namens Piscopia[4].

Von Jaffa bis Zypern sind es dreihundert Meilen.

Am Montag, dem 11. September, reisten wir aus Zypern ab. Es wehte ein starker Wind, *levante maestro* genannt. Am selben Tag segelten wir an einer Insel vorüber, die dem König Ferrante[5] untersteht und auf der eine starke Festung zu sehen ist. Der Name dieser Festung ist Castelrosso[6]. Danach erblickten wir eine Insel namens Capo di Ceridonia[7], die unter türkischer Herrschaft steht und sich am Eingang zum Golf von Satalia[8] befindet. Von der Insel Zypern bis nach Capo di Ceridonia sind es zweihundert Meilen, und von Capo [di Ceridonia] bis nach Castelrosso achtzig Meilen.

Am Dienstag, dem 12. September, an *Chol ha-Moed von Sukkot*[9], erreichten wir Rhodos. Schon weiter oben habe ich die Sitten und Bauwerke von Rhodos beschrieben und will daher meinen Bericht an dieser Stelle nicht unnötig verlängern. Auf Rhodos blieben wir bis einschließlich Mittwoch, den 14. September.[10]

Am Donnerstag, dem 15. September, brachen wir in der Frühe von dort auf. Auf unserem Weg sahen wir zur linken Hand eine Insel, die von Rhodos 150 Meilen entfernt ist und einen Umfang von hundert Meilen hat. Dort leben Griechen, sie nennen die Insel Scarpanto[11]. Die Insel liegt gegenüber dem türkischen Festland und im Mittelmeer[12], welches sich in der Mitte der Welt erstreckt (so sagten mir die Matrosen).[13]

Am Samstag segelten wir an einer weiteren Insel vorbei; sie wird Lagustafria[14] genannt und ist von Scarpanto 120 Meilen entfernt. Ihre Einwohner sind Griechen. Am selben Tag erreichten wir in Frieden Kreta.

Die Insel Kreta hat einen Umfang von siebenhundert Meilen. Auf der Insel, die reich an guten Dingen ist, gibt es zahlreiche Städtchen und Dörfer; ihre Böden sind *gut und fett*[15]. Die Stadt Candia[16] hat einen schönen und sehr großen Hafen; sie erstreckt sich in einer Niederung und auf einem Berg, auf der linken Seite. Ihr gegenüber liegen die Berge der Türkei. Es gibt auf der Insel allerlei vorzügliche Früchte, außerdem Brot und Malvasier-Weine sowie Fleisch und Fische – und all diese Dinge sind überaus gut beschaffen. In Candia leben Griechen. Am Eingang der Stadt, außerhalb des Stadttores, gibt es eine große und sehr schöne Vorstadt[17]. In der Stadt selbst leben sechshundert jüdische Familienoberhäupter. An der Hauptstraße gibt es vier Synagogen: Jeder, *der dort hin und her zieht*[18], sieht sie. Es ist wahr, daß die örtlichen Juden zusammen leben, und viele errichten die Laubhütten [an Sukkot] auf der Straße. Die dortigen Juden sind sämtlich Händler und Handwerker. Angesichts der Tatsache, daß ihre Synagogen und Laubhütten an der Straße stehen, ist es ein Wunder, daß die Juden von den griechischen Nichtjuden nicht mit Steinen beworfen werden, denn jene sind ausgemachte Bösewichte. Wisset, was für Bösewichte diese Griechen sind: Wenn ein Jude irgend etwas von ihnen kaufen will, ist es ihm verboten, die Ware oder die zum Verkauf stehende Frucht mit der Hand zu berühren. Wenn er die Ware aber doch mit der Hand berührt, muß er sie wider Willen kaufen und dafür den Preis zahlen, den der Händler verlangt.

Von Rhodos bis nach Kreta sind es dreihundert Meilen.

Am selben Tag hat mir der HERR, er sei gepriesen!, ein großes Wunder erwiesen: Ich machte mich am Abend mit einem *schifo* auf den Weg in den Hafen, um mit dem Schiffsherrn zu sprechen. Als ich aus dem *schifo* aussteigen wollte, begann er unter meinen Füßen zu sinken und ich geriet mehr als zehn Ellen unter Wasser, mitsamt meinen Kleidern und meinem seidenen Wams. In meiner Börse befanden sich alle Perlen und Edelsteine, die ich in Kairo gekauft hatte; sie waren lediglich in ein kleines Stück Stoff eingewickelt. Die Börse wurde so sehr umhergewirbelt, daß einige Karat ins Wasser fielen. Aber es war der Wille des HERRN, daß unser Schiffsherr sah, wie ich ins Wasser stürzte: Er befahl den Matrosen herbeizueilen, um mich wieder aus dem Wasser zu holen. Marco Scrivanello war der erste: Ich selbst strampelte mit Armen und Beinen, so daß ich an die Oberfläche kam, und er ergriff meine rechte Hand. Seine vier Mitstreiter zogen vom *schifo* aus mit tausend Kräften mein Oberkleid ab. Danach zogen sie mich aus dem Wasser heraus. Der HERR hatte mich gerettet, er und sein großer Name seien gepriesen, denn *das Wasser ging mir bis an die Kehle.*[19] Sofort erfaßten die Schwindsucht und ein Fieber meinen Körper; und ich verbrachte mit diesem Fieber zwei Tage und drei Nächte im Hause des ehrenwerten Rabbi Yodalya Delmedigo. Dort gab es einen Juden namens Moshe, ein weiser und angesehener Arzt. Er ist ein reicher, weiser und heldenhafter Mann von ursprünglich aschkenasischer Herkunft. Er verließ mich weder am Tage noch in der Nacht und verabreichte mir Medizin, so daß ich meine alten Kräfte zurückerlangte.

Am Montag, dem 19. September 1481, brachen wir von Candia auf, um nach Modon[20] weiterzureisen. Der HERR, er sei gepriesen!, vollbrachte ein weiteres großes Wunder an mir: Ich saß unter dem Schiffsmast, und ich weiß nicht mehr, warum ich plötzlich aufstand. Gleich darauf fiel ein großer Balken vom Mast genau auf jene Stelle herab, an der ich gesessen hatte. *Alle ringsum staunten*[21], als sie dieses große Wunder sahen, das der HERR mir hatte zuteil werden lassen, nämlich, daß der HERR es mir eingegeben hatte, aufzustehen und meine Seele vor dem Tod zu retten. Wäre ich nicht von dieser Stelle weggegangen (der HERR sei davor!), wäre es mir in der Tat unmöglich gewesen aufzustehen, und jede Rettung wäre wegen des schweren Balkens vergeblich gewesen. Gepriesen sei der HERR, der Wunder vollbringt und keine Kraft

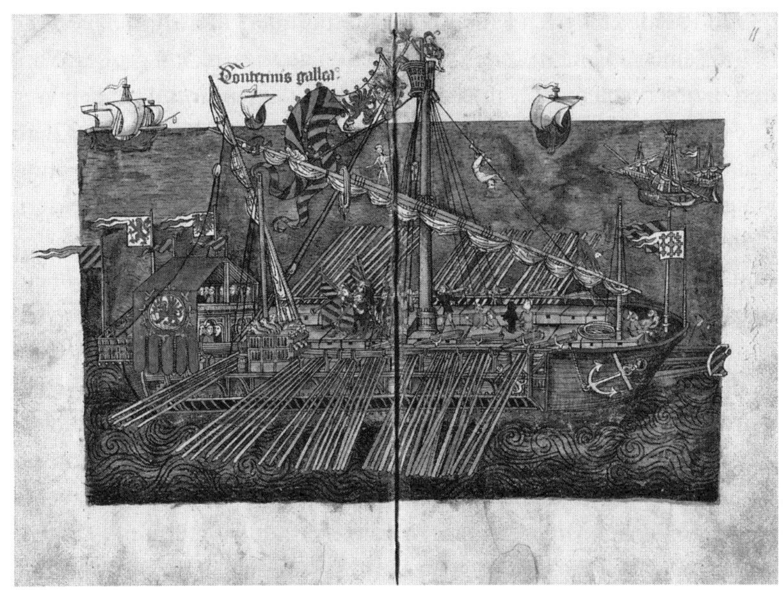

Abb. 11: Zeitgenössische Darstellung der Pilgergaleere des Venezianers Agostino Contarini. Mit diesem Schiff kehrte Meshullam aus dem Heiligen Land nach Italien zurück. Abbildung aus einer um 1490 entstandenen Handschrift des Reiseberichts des Konrad Grünemberg.

dem Zerstörer zum Vernichten gibt.[22] Sein Name sei gepriesen, jetzt und in Ewigkeit.

Am selben Tag sah ich auf der rechten Seite die Berge der Türkei, und zwar von einem Ort aus namens Capo S. Vincenzio[23], der von Kreta 180 Meilen entfernt ist.

Am Dienstag, dem 24. September, erreichten wir abends eine zwei Meilen von Modon entfernte Insel, die auf der linken Seite liegt und einen Umfang von dreißig Meilen hat. Ihr Name ist Sapienzia[24]. Eine halbe Stunde später erreichten wir Modon. Modon ist eine kleine Stadt, die am Meer und auf der linken Seite liegt: Die Schiffe ankern am Strand. Überdies verfügt die Stadt über eine schöne und wehrhafte Festung sowie angrenzend daran über eine Vorstadt, die sich außerhalb der Stadttore befindet. In ihr leben auch die Juden (dreihundert jüdische Familienoberhäupter sind es an der Zahl). Sie leben von Handwerk und Handel. Sie ließen mir in ihren Häusern große Ehre zuteil werden, und dies gilt insbesondere für Rabbi Avraham Cohen (den Sohn des Herrn Rabbi Matitya Cohen Tzedek) sowie für Rabbi Eliezer, Rabbi Matitya und Rabbi Zechariya. Ihr Fels, der HERR, behüte sie und lasse sie leben! Es sind die Söhne des erwähnten Rabbi Avraham. Sie alle sind sehr angesehene Personen. Auch gibt es in der Stadt eine Reihe weiterer angesehener Juden, so etwa Rabbi Avraham Makiri, Rabbi Mordechai Ventura, Rabbi Natan und dessen Söhne sowie zahlreiche weitere, deren Namen ich nicht kannte. Modon ist keine Insel, sondern liegt auf dem Festland.

Am Donnerstag, dem 26. September 1481, reisten wir aus Modon ab und stiegen in einen neuen *schifo*, um an Bord unseres Schiffes zu gelangen. Wir waren dabei zu dritt, ich und zwei Nichtjuden. Der *schifo* war klein und wurde von zwei Knaben gesteuert, die abwechselnd ruderten, was schließlich dazu führte, daß der *schifo* kenterte und wir alle ins Wasser fielen. Doch der HERR sorgte dafür, daß ich mit der linken Hand die Leiter unseres Schiffes ergriff. So wurde ich nur bis zum Hals unter Wasser gezogen. Meine Begleiter wurden ganz unter Wasser gedrückt, vermochten aber aufzutauchen, da sie schwimmen konnten. Ich versuchte die Leiter des Schiffes auch mit der rechten Hand zu ergreifen, an deren Zeigefinger ich einen Ring mit einer wunderschönen Kamee trug, den ich von Messer Piero, dem Dolmetscher auf unserem Schiff, als Pfand für sechs geliehene Dukaten erhalten hatte. Dabei löste sich der Ring von meinem Finger und versank im Meer. Daher mußte ich Messer Piero später zwanzig Dukaten bezahlen, so wie in dem Urteil dargelegt, das von drei Schiedsrichtern gefällt und von uns beiden als Kompromiß verlesen wurde. Auch ich hatte [während des Kenterns] in Todesgefahr geschwebt – *gepriesen sei der HERR, der erlöst und errettet.*[25]

Am selben Tag gelangten wir in die Nähe einer anderen Insel mit Namen Prodeno[26]. Sie liegt auf der linken Seite, auf der rechten Seite erheben sich die Berge der Türkei. Dort hatten wir es mit einem *Scirocco levante* zu tun. Als wir unweit von dort entfernt waren, begannen plötzlich vier große Piratenschiffe, uns zu verfolgen. Ihr Anführer war ein Seeräuber namens Pelosino. Wir flüchteten in Richtung zu einer Insel namens Porto Ionchi[27], da die Piraten es darauf abgesehen hatten, uns gefangenzunehmen, denn Messer Agostino Contarini – der Patron unseres Pilgerschiffes – hatte einst Streit und Zank mit dem erwähnten

Messer Pelosino und fürchtete sich deswegen vor ihm. Deswegen flüchteten wir vor Pelosino. Wie ich bereits erwähnt habe, befindet sich [auf dieser Strecke] die Türkei stets zur rechten Seite.

Am 3. Oktober 1481 erreichten wir Korfu, das auf der linken Seite und am Meer liegt. Korfu hat einen Strand und ist Teil einer Insel. Sie verfügt über eine große und schöne Festung und befindet sich in der Ebene wie auch auf dem Berg. Auch gibt es dort zwei kleine, aber schöne und sehr starke Festungen, die sich gegenüberliegen. Am Eingang zur Festung befindet sich der Markt. Von dort aus gelangen der Großteil an Slawen[28] und *Bottarga*[29] nach Venedig. Korfu ist von einer Mauer umgeben. Dort leben dreihundert jüdische Familienoberhäupter, darunter einige angesehene und reiche. Auf der Seite, die Korfu gegenüberliegt, erheben sich die Berge der Türkei, die etwa zweihundert Meilen entfernt sind. Diese Berge ziehen sich bis nach Durazzo[30] hin. Die ganze Türkei liegt auf dem Festland, und die Stadt Korfu befindet sich – wie gesagt – auf der gegenüberliegenden Seite.

Am Mittwoch, dem 3. Oktober 1481, reisten wir von Korfu ab, um in Frieden *zum erwünschten Lande*[31] zu gelangen. Wir befanden uns im Golf von Venedig.[32] In der Nacht zum Dienstag, dem 9. Oktober, kam ein starker Wind auf. Wir holten daraufhin das *artimone* und das *mezzano* ein, und segelten lediglich mit gehißtem *trinchetto* weiter.[33] Es herrschte ein *maestro levante*. Mit gehißtem *trinchetto* allein kamen wir in jener Nacht 150 Meilen voran. Am Tage passierten wir eine Insel namens Lasurasa[34], also jenen Ort, an dem der König Ferrante im Verborgenen mit seiner Armada den Türken aufgelauert hatte.[35] Von Nigro[36] waren wir zwölf Meilen entfernt, von Otrino[37] zwanzig Meilen, als wir auf Rat des Steuermanns das *artimone* wieder hißten. Daraufhin riß dieses Segel wegen des starken Windes von oben bis unten, und das Wasser begann von beiden Seiten in das Schiff zu schwappen, so daß sich das Schiff mit immer mehr Wasser füllte, bis wir nach Ragusa[38] gelangten. Dort verbrachten wir die Nacht.

Ragusa ist eine überaus schöne Stadt, eigentlich die schönste und prächtigste, die ich jemals gesehen habe. Beinahe würde ich sagen, daß sie wie Florenz ist. Die Einwohner von Ragusa sind sehr wohlhabend und außerordentlich reiche Händler, die wie Fürsten gekleidet sind. Juden allerdings leben nicht in Ragusa. Von Korfu bis Ragusa, das auf der rechten Seite liegt, sind es dreihundert Meilen. Es handelt sich bei Ragusa um eine freie Stadt, wie Florenz.

Am Donnerstag, dem 4. Oktober, reisten wir von dort ab und stießen auf der linken Seite, vierzig Meilen von Ragusa entfernt, auf eine Insel namens Meleda[39]; im weiteren Verlauf passierten wir, weiterhin auf der linken Seite, eine Insel namens Lagosta[40] sowie eine andere namens Marchiara[41]; beide stehen sie unter venezianischer Herrschaft. In dieser Meerenge, die zum Territorium Ragusas gehört, wären wir wegen des starken Windes fast unausweichlich gegen die Klippen geschleudert worden. Wir fanden aber in dieser Meerenge eine ungefähr eine Meile breite Fahrrinne[42], in der kein Wind herrschte. Der HERR kam uns zu Hilfe, denn unser *trinchetto* war gerissen. Ich schwöre bei meinem Leben, daß wir mit einer halben Elle Entfernung an den Klippen vorbeisegelten. Gepriesen sei der HERR, *der Wunderbares vollbringt*[43]!

Am Freitag, dem 5. Oktober, segelten wir am Festland vorbei, das wir auf der rechten Seite erblickten. Dort befindet sich eine Stadt namens Zara[44], die im Gebiet der Slawen liegt. Anschließend passierten wir eine weitere Stadt, ebenfalls zur rechten Hand, mit Namen Anona[45]. Ihr gegenüber liegt eine Insel namens Lissa[46], die auch Sitz einer gleichnamigen Stadt ist. Diese Stadt Lissa ist zwar von einer Mauer umgeben, aber klein. In jener Nacht segelten wir in eine weitere Meerenge, die dreißig Meilen lang, aber nur eine Viertelmeile breit ist. Zur rechten Seite sieht man Festland, linkerhand hingegen ein Gebiet der Slawen namens S. Piero Animo[47]. Letzerer Ort ist von Nona dreißig Meilen und von Lissa fünfzig Meilen entfernt. Nur wenige Menschen leben dort, allerdings gibt es, eine halbe Meile vom Meer entfernt, eine Einsiedelei namens S. Piero Animo.

Am Samstag, dem 6. Oktober 1481, nahmen wir Kurs auf eine kleine und schöne Stadt auf der rechten Seite, die von S. Piero Animo 130 Meilen entfernt liegt. Plötzlich erhob sich *ein großer Wind*[48], so daß wir nach S. Piero Animo zurückkehren mußten. Dort harrten wir den gesamten Dienstag, den 9. Oktober 1481, aus. Am Mittwoch hißten wir dann vor dem Morgengrauen das Segel. Gegen Mittag befanden wir uns in der Nähe von Campi di Pola[49] in einer Meerenge, die eine Viertelmeile breit und fünf Meilen lang ist. Die Seeleute wollten das große Segel streichen, da starker Wind herrschte. Daraufhin entstand ein Streit zwischen ihnen. Einige sagten: »Es gibt im Augenblick keinen Grund, des Windes wegen das Segel zu streichen.« Andere behaupteten das Gegenteil. Schließlich einigte man sich darauf, das Segel einzuholen. Allerdings gelang dies nicht. Vielmehr riß nun auch noch das *artimone* zum zweiten Mal, und fast hätte sich auch noch das Tau am rechten Ende der Segelstange gelöst. Alle Seeleute sowie wir und die Pilger hielten das Tau fest, was uns allerdings nicht gelang. Wir schwebten in größter Gefahr. Aber der HERR kam uns zu Hilfe, denn *unsere Hände und Armen blieben stark*[50]. Gepriesen sei der Name des HERRN für die Güte, die er uns erwies. Amen.

Am Abend desselben Tages *erhob sich ein Donnern und Blitzen und eine dichte Wolke auf dem Berge*[51]. *Der Regen troff auf die Erde*[52] und *ein heißer Ostwind kam auf*[53], wie ich ihn nie zuvor erlebt hatte. Zudem kam in der Nähe von Pola eine Bö[54] auf uns zu, und fast wären wir auf eine Sandbank aufgelaufen. Der HERR half uns, denn die Bö zog binnen einer Stunde an uns vorüber. Auch diesmal waren wir lediglich zehn Ellen von der Sandbank entfernt. Ich schwöre, daß mir die Seeleute sagten, sie hätten in all ihren Jahren auf dem Meer niemals so ein schwieriges und widriges Wetter erlebt. Denn die Wellen schwappten an allen Ecken und Enden des Schiffes auf das Deck, so daß das Schiff immer weiter unter die Wasserlinie sank und erst nach einer Weile wieder auftauchte. Der HERR errettete uns aus diesem Sturm, sein Name sei gepriesen. *Wie vielfach sind die Stufen der göttlichen Güte gegen uns!*[55]

Schließlich erreichten wir den Hafen von Pola ungefähr zur ersten Stunde der Nacht[56] und gingen dort vor Anker. Wegen des großen Sturms, der auf dem Meer herrschte, verbrachten wir den Donnerstag und Freitag dort. Der HERR sorgte dafür, daß wir einen Hafen erreichten, im Unterschied zu einem Schiff von vierhundert Fässern, das mit Malvasier beladen war und am Donnerstag gesunken war. Dieses Schiff war eine Weile mit uns gesegelt, vermochte aber nicht den Hafen zu erreichen und versank daher im Meer. Es hieß *Il Gadarello*. Man konnte von ihnen [den Menschen an Bord] niemand mehr bergen außer einem, der sich auf ein Faß gerettet hatte. Das Meer trieb ihn (sowie das Faß von einem anderen Schiff) an Land. *Gepriesen sei der HERR, der erlöst und errettet.*[57]

Pola[58] ist eine sehr kleine Stadt, die sich auf der rechten Seite befindet. Im Zentrum der Stadt gibt es einen Hof[59], der neu aussieht und sehr

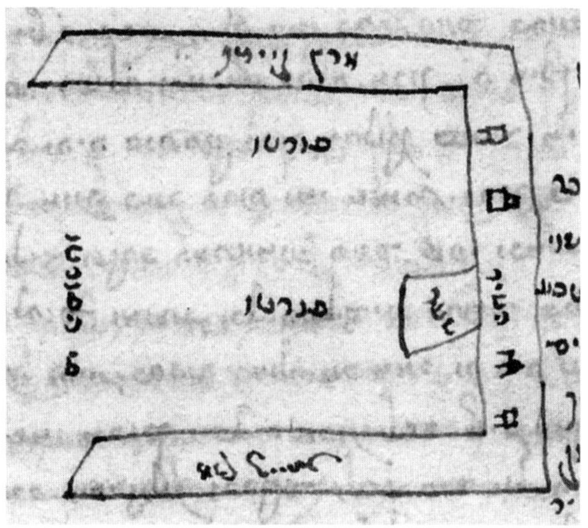

Abb. 12: Der Hafen der istrischen Stadt Parenzo (heute Poreč in Kroatien), wie er in der Florentiner Handschrift von Meshullams Reisebericht dargestellt ist.

groß ist. Er ist schön anzusehen. In der Stadt leben keine Juden. Allerdings bietet sich ein schöner Anblick, wenn man von außerhalb auf die Gärten und Haine der Stadt schaut.

Am Sonntag, dem 14. Oktober 1481, erreichten wir morgens eine schöne Stadt, die auf der rechten Seite liegt und von Parenzo[60] zehn Meilen entfernt ist. Ihr Name ist Rovigno[61]. Am selben Tag gelangten wir gegen Mittag auch nach Parenzo. Unterwegs hatten wir große Furcht vor dem starken Wind, der wehte. Doch der HERR erbarmte sich unser, und so kamen wir in Frieden dort an.

Parenzo hat eine sehr große Bucht [vgl. Abb. 12].

Auf drei Seiten ist sie von Festland umgeben, dort befinden sich Olivenbäume, andere Bäume und der Hafen, was schön anzusehen ist. Dies ist nicht durch Menschenhand erschaffen worden, sondern von Natur aus so. Das Hafenbecken ist so groß und tief, daß dort bei Bedarf tausend Schiffe Platz haben. Parenzo ist eine kleine und sehr schöne Stadt, die etwas am Hang und auf der rechten Seite liegt. Man findet dort alles, was das Herz begehrt. Juden leben dort nicht, vielmehr sind die meisten, wenn nicht sogar alle Einwohner Venezianer.

Wegen des starken Sturms, der auf See herrschte, blieben wir bis zum 18. Oktober 1481 in Parenzo. Außerdem war es so, daß die Strecke von Parenzo nach Venedig angesichts der vielen Felsenriffe höchst gefährlich ist. Und dann gibt es unterwegs immer viele seichte Untiefen. Wer sich nicht auskennt, wird mit seinem *schifo* oder mit seinem Schiff auf eine Sandbank oder auf ein Felsenriff auflaufen. Daher ist es jedem Schiffsherrn verboten, von Parenzo aufzubrechen, ohne dort einen speziell ausgebildeten Lotsen[62] an Bord genommen zu haben. Auf dem Schiff *soll man seinem Wort gehorsam sein*[63], und nicht etwa dem Wort des Schiffsherrn. So nahmen also auch wir in Parenzo einen Lotsen an Bord und reisten in der besagten Nacht ab. Zur siebten Stunde der Nacht[64] gelangten wir an einen Ort namens Porteggio[65], der nur noch acht Meilen von Venedig entfernt ist. Bevor wir bei unserer Ankunft dort ankerten, waren wir einem starken Wind ausgesetzt, so daß wir fast mit dem Schiff von Messer Piero Lando[66] zusammenstießen, das dort angelegt hatte. Wenn dessen Besatzung die Ankerleine am Bug ihres Schiffes nicht gekappt und dem Schiff somit etwas Abstand von uns verschafft hätte, wären wir in größte Gefahr geraten.

Am selben Tag erreichten wir Venedig (dem HERRN sei gedankt!) unversehrt und in Ruhe. Es war dies der 18. Oktober 1481.

Von Parenzo bis nach Venedig sind es hundert Meilen.

Also sind es von Neapel bis zur Heiligen Stadt Jerusalem – so wie es hier beschrieben wurde – 2873 Meilen. Von Jerusalem bis nach Damaskus sind es 280 Meilen. Von Damaskus nach Venedig sind es 2550 Meilen.

Insgesamt beträgt die Wegstrecke, die Rabbi Meshullam ben Rabbi Menachem aus Volterra auf seiner Reise nach der Heiligen Stadt Jerusalem (das heißt von Neapel bis Venedig) zurückgelegt hat, 5703 Meilen.

Möge der HERR den Erlöser zu unserer Erlösung schicken und unter Freudengesängen das ganze Volk Israel nach Jerusalem führen. Möge dies der Wille des HERRN sein. Lasset uns in Ewigkeit Amen, Amen, Sela sagen. Gepriesen sei der barmherzige HERR, der uns hilft.

Zu Quelle, Forschungslage und Edition

Meshullams Reisebericht hat sich in nur einer einzigen Sammelhandschrift erhalten, die sich heute in der *Biblioteca Medicea Laurenziana* zu Florenz befindet (Cod. plut. 44.11). Diese Handschrift (fol. 34^r–54^r) datiert ins späte 15. oder frühe 16. Jahrhundert und ist von der Hand eines Schreibers verfaßt.[1] Die Editionsgeschichte des Textes beginnt im späten 19. Jahrhundert.[2] Erstmals wurde der Reisebericht im Jahre 1882 durch den italienischen Semitisten David Castelli in der Zeitschrift *Yerushalayim* zum Druck gebracht.[3] Diese Ausgabe war allerdings, wie der Herausgeber später selbst anmerkte, wegen Nachlässigkeit bei der Drucklegung von Fehlern durchsetzt. Gleichwohl gelangte der Text in dieser unzureichenden Form in Judah David Eisensteins Anthologie hebräischer Reiseliteratur (1926).[4] Eisensteins Ausgabe wiederum diente als Vorlage für die englische Übersetzung, die Elkan Nathan Adler 1930 vorlegte.[5] Es erübrigt sich zu sagen, daß angesichts der fehlerhaften Vorlage die englische Übersetzung, die bis heute von den meisten Historikern herangezogen wird, in vielerlei Hinsicht unzuverlässig ist und nur mit Einschränkungen benutzt werden kann, zumal der Übersetzer nach eigenem Gutdünken einige Abschnitte weggelassen hat. Ebenfalls nur ausgewählte Abschnitte (Rhodos, Hebron, Jerusalem) wurden 1936 durch Lea Sestieri ins Italienische übersetzt (allerdings anhand des Manuskripts).[6] Einige Jahre zuvor hatte der bedeutende italienische Judaist Umberto Cassuto unter Rückgriff auf die Handschrift zwei Abschnitte neu transkribiert, nämlich die Ausführungen zu Alexandria und Teile des Jerusalem-Berichts.[7] Cassutos Teiledition wurde Anfang der 1940er Jahre von Avraham Yaari in eine einschlägige Quellensammlung zur Geschichte des Heiligen Landes übernommen.[8] Einige Jahre später (1948) besorgte Yaari dann eine überfällige und umfassende neue hebräische Ausgabe von Meshullams Reisebericht, diesmal in Form einer Monographie.[9] Diese Edition beruht auf einer gründlichen Autopsie der Handschrift und enthält neben einem Vorwort auch einen ausführlichen Anmerkungsapparat. Yaaris Edition diente vier Jahrzehnte später als Grundlage für die fast zeitgleich, aber unabhängig voneinander erschienenen Übersetzungen ins Spanische und Italienische. Die im Rahmen einer Anthologie erschienene spanische Übersetzung von José Ramón Magdalena Nom de Déu weist dabei lediglich einen recht basalen Kommentarteil auf, wohingegen Alessandra Veronese ihre italienische Übersetzung durch einen gründlichen Anmerkungsteil ergänzte.[10] Veronese vermochte zudem einige Lesarten Yaaris durch einen neuerlichen Abgleich mit der Handschrift in Frage zu stellen.

Bei der vorliegenden Übersetzung handelt es sich um die erste deutsche Übersetzung des Reiseberichts. Als Vorlage diente Yaaris Ausgabe von 1948, wobei abweichende Lesarten der späteren Übersetzer soweit geboten berücksichtigt sind und in Zweifelsfällen – insbesondere bei der Schreibung von Ortsnamen – die Handschrift herangezogen wurde. Es versteht sich, daß namentlich der Kommentarteil der vorliegenden Übersetzung den Vorarbeiten von Avraham Yaari, Alessandra Veronese und José Ramón Magdalena Nom de Déu mancherlei verdankt. Gleichwohl habe ich versucht, den Text in historischer und philologischer Hinsicht tiefer als in den bisherigen Ausgaben und Übersetzungen zu durchdringen. Insbesondere wurde angestrebt, den Text soweit wie möglich auf dem Stand der neuesten Forschung zu kommentieren. Nur wo dies unmöglich war, wurde auf die Angaben in den bisherigen Ausgaben zurückgegriffen. Da in den vergangenen Jahren eine Reihe einschlägiger christlicher Reiseberichte des 15. Jahrhunderts in neuen und oftmals gründlich kommentierten Editionen einem breiteren Publikum wieder zugänglich gemacht worden sind, lag es überdies nahe, im Kommentarteil der vorliegenden Ausgabe soweit wie möglich komplementäre Berichte christlicher Reisender heranzuziehen, vor allem dort, wo dies zur Klärung oder Erhellung von historischen Hintergründen oder Begriffen beiträgt, die dem heutigen Leser nicht mehr auf den ersten Blick verständlich sind. Hebräische Reiseberichte der damaligen Zeit entstanden naturgemäß nicht in einem kulturellen Vakuum. Sie erschließen sich, zumal dem heutigen Leser, weitaus besser, wenn sie im Kontext der allgemeinen Reiseliteratur der damaligen Zeit gesehen und kommentiert werden. Bisherige Editionen hebräischer Reiseberichte haben diesem Umstand allerdings oftmals nicht ausreichend Rechnung getragen. Allerdings stellt sich die Situation auch aus umgekehrter Richtung als ausbaufähig dar: Das überschaubare Korpus hebräischer (und jiddischer[11]) Reiseberichte der Frühen Neuzeit ist in der allgemeinen historischen Reiseforschung ebenso wie bei der Edition christlicher Reiseberichte bisher – vorsichtig ausgedrückt – nur in recht bescheidener Weise rezipiert worden. In diesem Fall mag freilich das Argument der sprachlichen Barrieren stärker ins Gewicht fallen. Auch gilt es zu bedenken, daß eine auf dem heutigen Stand der Forschung basierende Anthologie mit Übersetzungen hebräischer Reiseberichte in der Tat ein Desiderat darstellt, zumal in deutscher Sprache.[12] Wenn der vorliegende Band einen Anreiz zu einem solchen Unternehmen zu geben vermag, hat er seinen Zweck bereits erreicht.

Wie bereits erwähnt, ist in der vorliegenden Ausgabe erstmals systematisch der Versuch unternommen worden, Zitate und Anspielungen aus der Bibel sowie der rabbinischen Literatur nachzuweisen. Ein Bibelstellen-Verzeichnis findet sich am Ende des Bandes. Verzichtet worden ist hingegen auf ein Glossar der im Text vorkommenden italienischen Begriffe. Hierzu konsultiere man Yaaris Edition sowie insbesondere Veroneses italienische Ausgabe.[13] Auf Yaari sei ebenfalls mit Blick auf die in der Quelle mitunter fehlerhafte Korrespondenz von Daten und Wochentagen verwiesen, die möglicherweise auf Nachlässigkeit des Schreibers beziehungsweise des Kopisten zurückgeht. Die (für die Chronologie unerhebliche) Korrektur hätte in der vorliegenden Ausgabe allerdings zu einer Überfrachtung des Anmerkungsteils geführt.[14] Auch wurden Jahresangaben nach dem jüdischen Kalender der besseren Lesbarkeit halber grundsätzlich in die christliche Zeitrechnung konvertiert.

Die von Meshullam verwendeten italienischen Termini wurden im Interesse der Lesbarkeit des Textes in der vorliegenden Ausgabe in aller Regel ins Deutsche übersetzt. Nur in Ausnahmefällen, in denen der Begriff sich im Deutschen schwer wiedergeben läßt oder der Sachverhalt an Komplexität einbüßen würde, wird der Originalbegriff beibehalten beziehungsweise in der Fußnote wiedergegeben. Ortsnamen werden im Text so wiedergegeben, wie der Reisende sie angibt, wobei sich bei der ersten Erwähnung in einer Fußnote ein Hinweis auf den korrespondierenden modernen Ortsnamen findet. Eine Ausnahme bilden bekannte

Orte wie Venedig (statt *Venezia*), Jerusalem (statt *Yerushalayim*) usf., die in der Übersetzung in ihrer gebräuchlichen deutschen Form erscheinen. Für die Identifizierung der zahlreichen Ortsnamen im Nildelta, die sich auf modernen Kartenwerken oftmals nicht finden, beziehe ich mich auf die Spezialstudien im Rahmen des *Tübinger Atlas des Vorderen Orients*.[15]

Die Übersetzung von Bibelzitaten, wenngleich diese im Deutschen aus syntaktischen und inhaltlichen Gründen mitunter modifiziert und paraphrasiert werden mußten, folgt der zur Zeit gültigen Ausgabe der Luther-Bibel (1984). Bei Talmudzitaten liegt die deutsche Übersetzung von Lazarus Goldschmidt zugrunde. Biblische Namen werden grundsätzlich in der heute geläufigen Schreibung wiedergegeben (z.B. Abraham, Moses), wohingegen die hebräischen Namen von Zeitgenossen des Reisenden sowie überhaupt hebräische Begriffe gemäß den leicht modifizierten Transliterationsregeln der *Encyclopaedia Judaica* (2. Auflage) erscheinen (also z.B. Avraham, Moshe). Eine vereinfachte Umschrift wurde auch für arabische Begriffe gewählt. Eckige Klammern stammen ebenso wie die Kapitelüberschriften immer vom Herausgeber. Es gilt die alte Rechtschreibung.

Primäres Ziel der vorliegenden Übersetzung ist, die deutschsprachige Leserschaft mit einer bisher nur schwer zugänglichen Quelle bekannt zu machen. Es war daher angezeigt, einer freien Übersetzung und damit einer flüssigen Lesbarkeit den Vorzug vor einer allzu wörtlichen Übertragung zu geben.

Dieses Buchprojekt wurde an der Universität Heidelberg begonnen und an der Harvard University abgeschlossen. Mein Dank gebührt Thomas Maissen, der in Heidelberg meine Forschungen von Anfang an gefördert und unterstützt hat. Dank gilt auch der Harvard Society of Fellows, die herausragende Arbeitsbedingungen für die Fertigstellung des Buches bot.

Herausgabe und Übersetzung des Reiseberichts haben mich auf eine Vielzahl höchst unterschiedlicher Sachgebiete geführt, mit denen ich bis dahin nicht vertraut war. Ohne die Hilfe und den Rat von Kolleginnen und Kollegen wäre dies nicht zu bewältigen gewesen. Für Anregungen und für die kritische Lektüre meiner Übersetzung gilt mein Dank insbesondere Georg Christ (Heidelberg), Gianfranco Miletto (Halle-

Wittenberg), Folker Reichert (Stuttgart) und Monika Richarz (Berlin). Martina Kayser vom Verlag Vandenhoeck & Ruprecht schulde ich Dank für das sorgfältige Lektorat und für die umsichtige Betreuung der Publikation. Die Umschrift arabischer Begriffe und Ortsnamen im Kommentarteil hat freundlicherweise Samuel Krug (Heidelberg) besorgt. Außerdem danke ich für Auskünfte Benjamin Arbel (Tel Aviv), Rabbiner Joel Berger (Stuttgart), Felix Bussmann (Palma de Mallorca), Giuseppe Cecere (Kairo), Anat Feinberg (Stuttgart), Emanuel Grüngard (Tel Aviv), Jürgen Sarnowsky (Hamburg) sowie Sabine Schmidtke (Berlin). Für alle Fehler, die mir unterlaufen sein sollten, trage selbstverständlich allein ich die Verantwortung.

Cambridge/Massachusetts, im Oktober 2011 Daniel Jütte

Anmerkungen

Einleitung

1 Abgedruckt bei Cassuto, *La famille des Médicis et les Juifs*, Dok. III und IV.

2 Allerdings gab es – wie auch unser Beispiel zeigt – Ausnahmen von der Regel. Für ein differenziertes Bild vgl. das entsprechende Themenheft der Zeitschrift *Aschkenas* 13 (2003).

3 Zur Biographie und Familie vgl. Veronese, *Una famiglia di banchieri ebrei*; dies., *Il viaggio di Meshullam ben Menahem da Volterra* [leicht überarbeitet wieder abgedruckt in: dies., *Una famigila di banchieri ebrei*, S. 143–164]. Siehe auch Cassuto, *Gli ebrei a Firenze*, S. 264–268. Zu erwähnen sind ferner auch die Einleitungen zu Yaaris hebräischer Edition des Reiseberichts (*Massa Meshullam mi-Volterra*, S. 9–35) sowie zu Veroneses italienischer Übersetzung (*Mešullam da Volterra. Viaggio in Terra d'Israele*, S. 11–21). Wenig ergiebig ist das von Menachem Artom beziehungsweise Avraham Yaari verfaßte Lemma zu Meshullam in der *EJ*, Bd. 20, S. 579–580.

4 Veronese, *Una famiglia di banchieri ebrei*, Kap. 5.

5 Siehe unten, S. 55–56.

6 Veronese, *Mešullam da Volterra. Viaggio in Terra d'Israele*, S. 15.

7 Ebd., S. 16.

8 Zur Bevölkerungsentwicklung vgl. die Übersicht bei Goldthwaite, *Building of Renaissance Florence*, S. 33 (unter Einbeziehung der klassischen Studie von Herlihy/Klapisch-Zuber, *Les Toscans et leur familles*).

9 Bisticci, *Große Männer und Frauen*, S. 123.

10 Vgl. dazu auch die Beiträge bei Liscia Bemporad/Zatelli (Hg.), *Cultura ebraica*.

11 Pico della Mirandola, *Rede über die Würde des Menschen*, S. 65.

12 Siehe insb. Bonfil, *Jewish Life in Renaissance Italy*. Einen guten Überblick über die historiographische Kontroverse bietet Ruderman, *Cecil Roth, Historian of Italian Jewry*.

13 *Sippur David ha-Reuveni*, hg. von A. Z. Aescoly, S. 51. Übersetzung d. Verf.

14 Die Standardausgabe ist: *Me-Italya le-Yerushalayim*, hg. von M. E. Artom/A. David. Eine teilweise überholte und zudem nicht ganz vollständige deutsche Übersetzung bei: *Zwei Briefe Obadjah's aus Bartenuro*, hg. von A. Neubauer.

15 Vgl. Ibn Battuta, *Wunder des Morgenlandes*, hg. von R. Elger, S. 26.

16 So auch Yaari, *Massa Meshullam mi-Volterra*, S. 26.

17 Luzzati, *Documenti inediti*, S. 77, Anm. 34.

18 Reichert, *Erfahrung der Welt*, S. 142.

19 Der Name des Schiffes wird von Meshullam nicht erwähnt, läßt sich aber aus zeitgenössischen Quellen rekonstruieren. Siehe dazu im Kommentarteil S. 111, Anm. 30.

20 Simonsohn, *Divieto di trasportare ebrei*; Yaari, *Massa Meshullam mi-Volterra*, S. 11; David, *To Come to the Land*, S. 12–13.

21 »Valde poenale est, habere inimicos in navi«. Vgl. Fabri, *Evagatorium*, Bd. 1, S. 144.

22 *Me-Italya li-Yerushalayim*, hg. von Artom/David, S. 43. Übersetzung d. Verf.

23 Ebd.

24 Magnante, *L'acquisto dell'isola*, S. 55–56

25 Vgl. zum Beispiel die eindrücklichen Schilderungen, die Felix Fabri eigens in einem Kapitel mit dem Titel »De periculis multiplicibus navigantium« zusammenfaßte: Fabri, *Evagatorium*, Bd. 1, S. 114–117.

26 Zum Erlebnis und zu den Risiken des Reisens in der Frühen Neuzeit im allgemeinen vgl. Mączak, *Travel in Early Modern Europe*, passim. Speziell für das Spätmittelalter vgl. auch das von Folker Reichert herausgegebene Themenheft *Fernreisen im Mittelalter* (Das Mittelalter 3,2 [1998]), dort insbesondere die Einleitung des Herausgebers (mit einer Auswahlbibliographie), S. 5–17.

27 Eine gute Einführung zur Geschichte der Jerusalemfahrt bieten Ganz-Blättler, *Andacht und Abenteuer*; Hasecker, *Die Johanniter*; Reichert, *Erfahrung der Welt*, S. 137–157.

28 Reichert, *Erfahrung der Welt*, S. 138.

29 Ausfälle gegen jüdische Reisende sind in zeitgenössischen christlichen Reiseberichten in der Tat keine Seltenheit. Vgl. z.B. Esch, *Gemeinsames Erlebnis*, S. 394.

30 Vgl. Reichert, *Erfahrung der Welt*, S. 138; Reichert, *Die Wallfahrt nach Jerusalem von der Spätantike bis zum Ausgang des Mittelalters*, S. 10–12; Ganz-Blättler, *Andacht und Abenteuer*, S. 95–98.

31 Vgl. Cardini, *In Terrasanta*, v.a. S. 306; sowie jetzt auch Hasecker, *Die Johanniter*, S. 62–64, S. 82–83.

32 Reichert, *Eberhard im Bart*, S. 64–65.

33 David, *To Come to the Land*, S. 14–15.

34 Vgl. den Brief des Shemaia aus Casale Monferrato aus dem ersten Viertel des 17. Jahrhunderts bei David, *Mekorot chadashim*, S. 331.

35 Reichert, *Erfahrung der Welt*, S. 140. Vgl. aber auch etwas skeptischer Hasecker, *Die Johanniter*, S. 82–83.

36 Schmugge, *Die Pilger*, S. 25. Als Bibliographie über die Palästinaberichte nach wie vor unverzichtbar ist: Röhricht, *Bibliotheca geographica Palaestinae*. Nützlich ist ebenfalls Tobler, *Bibliographia geographica Palaestinae*. Eine chronologische Übersicht über die wichtigsten erhaltenen westeuropäisch-christlichen Berichte bietet auch Ganz-Blättler, *Andacht und Abenteuer*, Anhang, S. 355–424. Einschlägig, wenngleich nicht nur auf Palästinareisen fokussiert ist zudem auch Paravicini (Hg.), *Europäische Reiseberichte des späten Mittelalters*, 3 Bde. Speziell zu deutschsprachigen Jerusalem-Berichten vgl. Huschenbett, *Jerusalem-Fahrten in der deutschen Literatur*.

37 *Itinéraire d'Anselme Adorno*, hg. von J. Heers/G. de Groer.

38 *Peregrinatio in terram sanctam*, hg. von I. Mozer.
39 Edition bei: Herz, *Die ›Reise ins Gelobte Land‹ Hans Tuchers des Älteren.*
40 Edition bei: Denke, *Konrad Grünembergs Pilgerreise.*
41 *Viaggio a Gerusalemme*, hg. von A. Paoletti.
42 Übersetzung bei: *Rom – Jerusalem – Santiago. Das Pilgertagebuch des Ritters Arnold von Harff*, hg. von H. Brall-Tuchel/F. Reichert.
43 *Evagatorium in Terrae Sanctae, Arabiae et Egypti peregrinationem*, hg. von K. D. Hassler, 3 Bde. Zu Fabri jetzt insb. Schröder, *Zwischen Christentum und Islam.*
44 Zur hebräischen Reiseliteratur vgl. v.a. Reiner, *Aliya ve-aliya la-regel*; Shatzmiller, *Récits de voyage hébraïques au Moyen Âge*; eine Übersicht gibt auch Baron, *A Social and Religious History*, Bd. 6, S. 220–226. Immer noch nützlich sind zudem: Leopold Zunz, *Geographische Literatur der Juden von den ältesten Zeiten bis zum Jahre 1841*, in: ders. Gesammelte Schriften, Berlin 1875/1876 [ND Hildesheim 1976], S. 146–216; sowie Steinschneider, *Jüdische Schriften zur Geographie Palästinas*, der – nebst den Bibliographien von Röhricht und Tobler – auch für einen Überblick über die erhaltenen Texte zu konsultieren ist. Vgl. einführend überdies: Busi (Hg.), *Viaggiatori ebrei*; sowie Menahem Schmelzer/Eliyahu Ashtor, Lemma *Travelers and Travels to Erez Israel*, in: EJ, Bd. 20, S. 116–121; und Cecil Roth, Lemma *Itineraries of Erez Israel*, in: EJ, Bd. 10, S. 817–818. An der Oberfläche bleibt Harbsmeier, *Reisen in der Diaspora.*
45 Reiner, *Traditions of Holy Places*, S. 13; ders., *Aliya ve-aliya la-regel*, S. 156; Busi, *Prefazione*, S. 7; Schmelzer/Ashtor, Lemma *Travelers and Travels to Erez Israel*, in: *EJ*, Bd. 20, S. 117.
46 Benjamin von Tudela, *Buch der Reisen*, hg. von R. P. Schmitz. Stilistisch und kulturgeschichtlich weniger interessant, aber gleichwohl einschlägige Werke der mittelalterlichen hebräischen Reiseliteratur sind die Reiseberichte von Eldad ha-Dani und Petachia von Regensburg (ersterer ist in englischer Übersetzung greifbar bei Adler, *Jewish Travellers*, S. 4–21, der Text von Petachia kann hingegen auch auf deutsch konsultiert werden: *Die Rundreise des R. Petachjah aus Regensburg*, hg. von L. Grünhut.
47 Harbsmeier hat nicht Unrecht, wenn er behauptet, Benjamin von Tudelas Bericht lese sich über weite Strecken »wie ein Visitationsbericht oder eine Art Volkszählung« (*Reisen in der Diaspora*, S. 68).
48 *Die Geographie Palästinas von Estori haf-Farchi* [sic], hg. von L. Grünhut. Vgl. auch Jacob Elbaum, Lemma *Estori (Isaac ben Moses) Ha-Parhi*, in: *EJ*, Bd. 6, S. 522.
49 Reiner, *Aliya ve-aliya la-regel*; v.a. S. 240–242; Shatzmiller, *Récits de voyage hébraïques au Moyen Âge*, S. 1289–1290; siehe auch Cecil Roth, Lemma *Itineraries of Erez Israel*, in: *EJ*, Bd. 10, S. 817–818.
50 Zu nennen wären (in chronologischer Folge): Eliyahu von Ferrara (1435) [Yaari, *Iggerot Eretz Yisrael*, S. 86–89]; Rabbi Yitzchak ben Rabbi Meir Latif (ca. 1485) [Yaari, *Iggerot Eretz Yisrael*, S. 94–98]; Rabbi Yosef da Montagna (1481) [Yaari, *Iggerot Eretz Yisrael*, S. 89–93]; Ovadia di Bertinoro [*Me-Italya li-Yerushalyim*, hg. von Artom/David]. Zu nennen wäre ferner der italienische Anonymus des

Jahres 1495, dessen Bericht auch in einer deutschen Übersetzung vorliegt: Adolf Neubauer, *Ein anonymer Reisebrief vom Jahre 1495*. Für neue Fragmente dieser Handschrift vgl. David, *Mekorot chadashim*, S. 32–33. Im vorliegenden Kontext heranzuziehen ist auch der Bericht des italienischen Rabbiners Moses Basola (ca. 1480–nach 1560), der seine Reise nach Palästina in den Jahren 1521–1523 unternahm, aber erst gegen Lebensende übersiedelte [*In Zion and Jerusalem*, hg. von A. David].

51 So spricht Cassuto von Meshullams »senso pratico di mercanto fiorentino« (Cassuto, *Gli ebrei a Firenze*, S. 267). Siehe ähnlich auch Busi, *Prefazione*, S. 7.

52 Diese nicht sehr glückliche Formulierung stammt von Harbsmeier, *Reisen in der Diaspora*, S. 77, 79. An der Oberfläche bleiben auch die Ausführungen zu Meshullam bei Schwara, *Unterwegs*, S. 105, 117, 142–143.

53 Zu den in dieser Epoche im Heiligen Land kursierenden und oftmals messianisch aufgeladenen Nachrichten über das Schicksal der zehn verlorenen Stämme, vgl. David, *To Come to the Land*, v.a. S. 88–92. Das Schicksal der verlorenen Stämme beschäftigte jüdische Autoren über die gesamte Epoche der Frühen Neuzeit hinweg. Die Thematik spielt beispielsweise auch in die mehrfach aufgelegte *Iggeret Orchot Olam* (1525) des Avraham Farissol hinein – das erste Werk eines jüdischen Autors, das die Entdeckung Amerikas erwähnt. Vgl. dazu Ruderman, *The World of a Renaissance Jew*, v.a. Kap. 11.

54 Vgl. z.B. weiter unten S. 119, Anm. 38.

55 Veronese, *Il viaggio di Meshullam ben Menahem da Volterra*, S. 51.

56 Schröder, *Zwischen Christentum und Islam*, S. 148.

57 Zur Bibel als Referenzpunkt und Kompendium für christliche Palästinafahrer vgl. Ganz-Blättler, *Andacht und Abenteuer*, v.a. S. 101. Esch, *Anschauung und Begriff*, v.a. S. 312. Reichert, *Erfahrung der Welt*, S. 19. Noch in der Neuzeit war die Erwartungshaltung unter jüdischen wie christlichen Palästinareisenden maßgeblich von der Bibel beeinflußt: »Visitors were often as busy with what they were carrying in their heads as with what was before their very eyes«, so Horowitz, *Modern Travelers Encounter the Holy Land*, S. 443.

58 Petrarca, *Reisebuch zum Heiligen Grab*, hg. v. J. Reufsteck.

59 Reiner, *Traditions of Holy Places*, S. 13.

60 Vgl. dazu auch Veronese, *Il viaggio di Meshullam ben Menahem da Volterra*, S. 50.

61 Esch, *Anschauung und Begriff*, S. 283.

62 Allgemein dazu auch Ganz-Blättler, *Andacht und Abenteuer*, S. 180, 215.

63 Veronese, Einleitung *zu Mešullam da Volterra. Viaggio in Terra d'Israele*, S. 14–15; dies., *Una famiglia di banchieri ebrei*, S. 190.

64 Treue, *Der Trienter Judenprozeß*.

65 Veronese, *Una famiglia di banchieri ebrei*, Kap. 7.

66 Ebd., v.a. S. 218.

67 Zu dieser Unterscheidung vgl. Hassauer, *Volkssprachliche Reiseliteratur*, S. 269–271.

68 So David, *To Come to the Land*, S. 9.

69 Hippler, *Die Reise nach Jerusalem*, S. 138–161.

70 Khattab, *Das Ägyptenbild*, z.B. S. 115–123

71 Siehe dazu auch die klassische Studie von Halbwachs, *Stätten der Verkündigung*.
72 Hippler, *Die Reise nach Jerusalem*, S. 213.
73 Reichert, *Erfahrung der Welt*, S. 148.
74 Dies tritt dann im 16. Jahrhundert deutlicher zutage. Vgl. Arbel, *The Port Towns*, v.a. S. 151–153.
75 Hippler, *Die Reise nach Jerusalem*, S. 212–213.
76 Einschlägig dazu: Esch, *Gemeinsames Erlebnis – individueller Bericht*, v.a. S. 416.
77 Gleichwohl kam es durchaus vor, daß christliche Kaufleute in ihren Geschäftsbriefen aus dem Orient biblische Zitate einflochten. Dazu demnächst: Christ, *Trading Conflicts*.
78 Zur eminenten Bedeutung von *Vergleichen* für die Rasterung der mittelalterlichen Erfahrungswelt, insbesondere auf Reisen vgl. Esch, *Anschauung und Begriff*, passim.
79 Ebd., S. 289.
80 Ebd., passim.
81 Ebd., S. 286.
82 Zum kulturgeschichtlichen Potential von Reiseberichten vgl. allgemein Mączak/Teuteberg (Hg.), *Reiseberichte als Quellen europäischer Kulturgeschichte*.

Der Reisebericht des Meshullam da Volterra (1481)

Seegefecht vor Rhodos

1 Mai 1481.
2 Nisyros.
3 Symi.
4 Unser Reisende rechnet hier und im weiteren gemäß der sog. »italienischen Uhr«. Bei dieser in der Frühen Neuzeit weit verbreiteten Zählung begann der Tag etwa eine halbe Stunde nach Sonnenuntergang und zählte dann 24 Stunden bis zum nächsten Sonnenuntergang. Freilich unterliegt der Zeitpunkt des Sonnenuntergangs jahreszeitlichen Schwankungen und ist zudem abhängig von der geographischen Position. In der vorliegenden Edition wurde versucht, diese Schwankungen zu berücksichtigen. An der hier in Frage stehenden Textstelle ist ein Zeitpunkt zwei Stunden nach Sonnenuntergang gemeint, also nach 21 Uhr nach heutiger Stundenzählung (denn in der Ägais ist Ende Mai mit einem Sonnenuntergang um kurz nach 19 Uhr zu rechnen). Zur »italienischen« Uhr vgl. Grotefend, *Zeitrechnung*, Bd. 1, S. 187–188.
5 Meshullam benützt hier den venezianischen Ausdruck *arme in coverta*. Zu dieser Wendung vgl. Jal, *Archéologie navale*, Bd. 2, S. 602.
6 Im Original steht etwas ungelenk: »unter schönen und guten *ripari*« (hebr./it.).
7 Das Wappen Genuas.
8 Gemeint ist wohl Kastelorizo (heute: Megisti), damals unter aragonesischer Herrschaft (Hinweis von F. Reichert).

9 Eigentlich: Lango (heute: Kos).
10 Im Original: *bonbarde* [sic] (it.).
11 Im Original: *bonbardelle* [sic] (it.).
12 Im Original: *spingardelle* (it.).
13 Im Original: *patron* (it.). Der Begriff bezeichnete seinerzeit den Reeder des Schiffes, der zugleich auch das Kommando führte (einem heutigen Kapitän gleich). Der Patron war zwar kein nautischer Experte, hatte aber die oberste Befehlsgewalt an Bord (»Nam de arte navigandi se non intromittit, nec eam scit, sed solum jubet eam duci huc vel illuc«, so Fabri, *Evagatorium*, Bd. 1, S. 122).
14 Eine (heute weitgehend veraltete) italienische Anrede für Männer gehobenen Standes.
15 Dem Amt des Schiffsschreibers kam an Bord große Bedeutung zu, wie uns ungefähr zur selben Zeit der Pilger Felix Fabri berichtet. Demnach war es die Aufgabe des Schreibers, eine Passagierliste zu führen und die Namen all jener Personen zu notieren, die bei Hafenaufenthalten an Bord kamen oder das Schiff verließen. Er überwachte zudem die Begleichung der Fahrtkosten durch die Reisenden. Grundsätzlich, so Fabri, war der Schreiber daher an Bord verhaßt (»est etiam ut communiter homo omnibus otiosus«). *Evagatorium*, Bd. 1, S. 127.
16 Das Wort in der Hs. ergibt keinen Sinn. Die vorliegende Lesart nach Yaari. Der Begriff *Sarazenen* war eine damals gängige Sammelbezeichnung für die verschiedenen Gruppen von Muslimen.
17 Hier und im weiteren Verlauf meint der Begriff *ismaelitisch*: arabisch, bei *Ismaeliten* handelt es sich demnach um Araber. Die Bezeichnung rührt von der Auffassung her, daß Abrahams Sohn Ismael der Stammvater der Araber gewesen sei.
18 Ps 105:38; Est 8:17; 9:2; 9:3.
19 Ein kleines Boot (it.).
20 Gegen 21 Uhr.
21 1 Mose 13:11.
22 Im Original steht der hebr. Begriff *niyar*, der gemeinhin Papier bezeichnet, hier jedoch eher das Ausgangsmaterial für die damalige Papierherstellung bezeichnet, nämlich Stoffreste (Hadern), mit denen offenbar die beim Gefecht entstandenen Löcher an Bord gefüllt wurden.
23 1 Mose 45:26.
24 Ein kleines Boot (it.).
25 1 Mose 14:23.
26 Koh 9:3.
27 Zum Streichen der Segel als Ehrbezeugung vgl. auch Hasecker, *Die Johanniter*, S. 64.
28 Ps 44:27.
29 Ps 66:9; Ps 121:3.
30 Das Seegefecht, von dem unser Reisender berichtet, führte im Sommer 1481 zu einem offiziellen Protest des genuesischen Dogen bei der Republik Venedig. Die Serenissima rechtfertigte sich mit der Antwort, das genuesische Schiff sei nicht als solches identifizierbar gewesen und habe eher den Eindruck eines Kriegs- als den eines Handelschiffes vermittelt (»nullo inditio cognita amica, sed potius

suspecta, ex illius apparatu bellico potius quam mercatorio«). Vgl. Magnante, *L'acquisto dell'isola*, S. 56. Fakt ist allerdings, daß Venedig solche Gefechte damals durchaus in Kauf nahm – vor allem aus der begründeten Angst vor einem Angriff auf das venezianische Protektorat Zypern (siehe dazu die Einleitung). Zudem war es damals auch auf venezianischer Seite nicht unüblich, daß Schiffe, die mit der Sicherung der Seewege und mit der Bekämpfung von Piraten betraut waren, selbst zu Aggressoren wurden. Vgl. Katele, *Piracy.* Das von unserem Reisenden geschilderte Gefecht wird übrigens auch in der venezianischen Chronistik erwähnt. Vgl. Domenico Malipiero, *Annali veneti*, S. 620: »Ferigo Zustignan, Capetanio de nave armade, ha combatu con la so nave la nave Ghilberta Zenoese de 2,000 bote; e perchè la vittoria e dubiosa da tutte do le bande, se hanno separado d'acordo, con morte de molti.« In derselben Chronik wird im Anschluß daran für das darauffolgende Jahr (1482) erwähnt, ein gewisser Francesco [sic] Giustinani sei wegen der ungebührlichen Behandlung von Passagieren zu einem Jahr Haft verurteilt worden (ebd.). Es ist unklar, ob ein Bezug zur vorliegenden Episode besteht. Für Federigo Giustinano scheint die Angelegenheit letztlich glimpflich ausgegangen zu sein: Zwei Jahre später (1483) wurde er jedenfalls von Venedig zum *Provveditore* von Zypern ernannt. Vgl. hierzu die online-Datenbank im Rahmen des elektronischen Buches *Rulers of Venice, 1332–1524*, hg. von Monique O'Connell et al., New York 2009 (ACLS Humanities E-Book), s. v.

Rhodos und das östliche Mittelmeer

1 Der Johanniterorden (Orden vom Spital des Heiligen Johannes zu Jerusalem) herrschte von 1309 bis 1522 über die Insel Rhodos. Danach gelangte die Insel unter türkische Herrschaft.

2 Das Wort in der Hs. ergibt keinen Sinn. Die vorliegende Lesart nach Yaari.

3 5 Mose 5:4.

4 In der Tat war er zu diesem Zeitpunkt 58 Jahre alt. Es handelt sich um Pierre d'Aubusson (1423–1503), der von 1476 bis zu seinem Tod als Großmeister des Johanniterordens auf Rhodos residierte.

5 Der Begriff *Rabbi* bezeichnet hier wie im weiteren in der Regel keinen ordinierten Rabbiner, sondern fungiert vielmehr als Ehrentitel für eine angesehene Person. Wo tatsachlich ein Rabbiner gemeint ist, benützt der Reisende die Bezeichnung *Rav.*

6 Das jüdische Viertel (it.).

7 Gemeint ist die mehrwöchige Belagerung von Rhodos durch ein türkisches Heer vom 23. Mai bis zum 18. August des Vorjahres (1480). An der Belagerung, die im christlichen Abendland große Anteilnahme und Besorgnis erregte, sollen fast 100 000 türkische Soldaten teilgenommen haben. Vgl. auch Hasecker, *Die Johanniter*, S. 200.

8 Ha-Rofe: der Arzt (hebr.).

9 Vgl. 2 Mose 4:3; Hes 19:12; Dan 8:7.

10 1 Mose 11:9.

11 Vgl. 2 Mose 32:27; Jes 19:2.
12 1 Mose 45:26.
13 In Wirklichkeit war es eher ein überraschendes Plünderungsverbot, das die türkischen Soldaten an vorderster Front dazu veranlaßte, ihre bereits eroberten Positionen zu räumen, wodurch ein massenhafter Rückzug und daraufhin ein Gegenangriff der Johanniter begannen.
14 Die lateinische Marienkirche und die griechische Pantaleonskirche.
15 Ps 121:4. Allerdings wurde die Synagoge sieben Jahre später (1488) auf Befehl des Ordens in eine Kirche umgewandelt. Auch konnte Meshullam nicht wissen, daß knapp zwei Jahrzehnte später (1503) derselbe Großmeister die Ausweisung der Juden von der Insel anordnen würde. Baron, *Social and Religious History*, Bd. 17, S. 36–38. Siehe dazu demnächst auch Jürgen Sarnowsky, *Muslims and Jews on Hospitaller Rhodes, 1421–1522* [Aufsatz i.V. zum Druck]. Ich danke dem Verfasser für die Einsicht in das Typoskript seiner noch unveröffentlichten Studie.
16 Antalya.
17 Haltetau. Im Original: *borina* (it.).
18 Der deutsche Zeitgenosse Grünemberg bezeichnet den »pillot oder notschier« als »wegfürer, stat alweg oben in der poppen [it. *poppa*: Heck]«. Denke, *Konrad Grünembergs Pilgerreise*, S. 312. Es handelte sich also um einen Lotsen, der entweder selbst steuert oder dem Steuermann Anweisungen gibt. Er war auf die Hafenein- und -ausfahrt sowie auf schwierige Passagen spezialisiert (vgl. hierzu auch Veronese, *Viaggio in Terra d'Israele*, Anm. 32).
19 Im Original: *nocchiere* (it.). Vgl. Anm. 18.
20 2 Mose 11:6; 12:30. Vgl. auch Neh 5:1.

Alexandria

1 Im Original eigentlich: Stadt.
2 Gemeint ist die *Zitadelle Kait-Bay* (erbaut ab 1477).
3 Die Mamluken (von arab. *mamluk*: eigen, [im weiteren Wortsinne auch] Sklave) bildeten seit 1260 die herrschende Klasse in Ägypten. Bei den Mamluken handelte es sich um eine militärische und administrative Elite, die sich aus zum Islam konvertierten Militärsklaven rekrutierte und an deren Spitze ein in Kairo residierender Sultan stand. Das stark militarisierte Mamlukenreich erstreckte sich zu seiner Blütezeit bis nach Syrien und umfaßte damit auch das Heilige Land. 1517 wurde das nicht zuletzt wirtschaftlich daniederliegende Mamlukenreich von den expandierenden Osmanen erobert.
4 Im Original: *goyim* (hebr.). Mit diesem Begriff sind auch im weiteren nur Christen gemeint.
5 Im Original: *mitznefet* (hebr.; eigentlich: Kopfbedeckung).
6 Im Original: *niyar* (hebr.; Papier), vgl. aber oben S. 110, Anm. 22. Der zeitgenössische christliche Reisende Arnold von Harff beobachtete in Kairo ebenfalls solche »flachen, steif gewalkten Hütchen«, die möglicherweise als Filzhüte zu identifizieren sind. Vgl. Harff, *Pilgertagebuch*, S. 121.

7 Meshullam benutzt hier eine Wendung, die in der rabbinischen Literatur häufig begegnet und auch auf die Geschichte von Onan (1 Mose 38:8–10) verweist.

8 Vgl. insb. 1 Mose 1:22; 1:28; 8:17; 9:1; 9:7; 47:27.

9 Fallwind (it.).

10 Vgl. das Rezept gegen Augenschmerzen eines damaligen venezianischen Kaufmanns in Alexandria bei Christ, *Trading Conflicts*.

11 Gemeint ist eine Art Brutkasten.

12 Jes 9:6; Hi 22:5; Koh 4:8; 4:16; 12:12.

13 Die Brutkästen von Kairo werden bereits im 13. Jahrhundert bei Jakob von Vitry (*Historia hierosolimitana*), Albertus Magnus (*Libri de animalibus*) und Vincenz von Beauvais (*Speculum naturale*) geschildert. Vgl. Hippler, *Reise nach Jerusalem*, S. 149, 286–289; Khattab, *Das Ägyptenbild*, S. 115–123. Auch zu Meshullams Zeiten berichteten Reisende von diesen Anlagen: So erwähnt beispielsweise Hans Tucher bei seinem Besuch in Kairo (1479) diese »packöfen, darjnnen man die jungen huner außprütet«. [Edition bei Herz, S. 564]. Siehe auch Fabri, *Evagatorium*, Bd. 3, S. 58–59.

14 Ferdinand (Ferrante) I. von Neapel (reg. 1458–1494).

15 Im weiteren Verlauf auch *maestro di casa* genannt.

16 Der Reisende bringt in diesem Absatz, in dem die Verwicklungen zwischen den zypriotischen Herrschern aus dem Hause Lusignan, den Mamlukensultanen und der Republik Venedig zusammengefaßt sind, einiges durcheinander: Bei dem erwähnten Angriff auf Alexandria handelt es sich um den Überfall durch Peter I. von Zypern im Jahre 1365. Letzterer überfiel die ägyptische Hafenstadt im Oktober mit einer Flotte von 115 Schiffen und 10 000 Mann. Es kam zu Massakern und Plünderungen, allerdings zogen sich die christlichen Angreifer nach wenigen Tagen zurück. Die von unserem Reisenden erwähnte Revanche der Mamluken erfolgte erst im Jahre 1426, als Truppen des Sultans Barsbay die Insel Zypern einnahmen. Der damalige König Janus von Zypern mußte daraufhin in Kairo den Vasalleneid leisten und fortan jährlich 8000 Florin Tribut zahlen. Erst die im weiteren von Meshullam geschilderten Ereignisse führen in die zweite Hälfte des 15. Jahrhunderts: 1458 wurde Charlotte von Lusignan zur Königin von Zypern gekrönt, allerdings bereits zwei Jahre später – mit ägyptischer Unterstützung – von ihrem illegitimen Halbbruder Jakob II. vom Thron vertrieben. Jakob II., der neue Herrscher, heiratete die venezianische Adlige Caterina Cornaro. Die geschwächte politische Lage der strategisch wichtigen Insel weckte die Begehrlichkeiten der im Mittelmeerraum expandierenden Republik Venedig: Caterina Cornaro wurde von der Republik Venedig als »Tochter« adoptiert. Als nach dem Tode Jakobs II. (1473) die Witwe Caterina die Herrschaft antrat, war de facto der Weg frei für ein venezianisches Protektorat über die Insel, obgleich Zypern nach außen hin weiterhin als unabhängiges Königreich auftrat. Diese Entwicklung stieß auf heftigen Widerstand, allen voran bei der exilierten Charlotte von Lusignan – die nach wie vor Ansprüche auf den Thron erhob – sowie bei ihrem engen Verbündeten, Ferdinand (Ferrante) I. von Neapel. Charlotte von Lusignan ist gemeint, wenn Meshullam in seinem Bericht von »der Königin« spricht. Zwar ging Meshullam fehl in der Annahme, der Mamluken-

sultan Kait-Bay habe beabsichtigt, Charlotte zu heiraten. Der Sultan hatte dazu nicht die geringste Veranlassung, zumal Venedig die Tributzahlungen nach Kairo weiterhin aufrechterhielt. Allerdings ist es wahr, daß Kait-Bay zum Zeitpunkt von Meshullams Reise mit Charlotte und (dem von ihr adoptierten) Don Alfonso – dem Prinzen von Aragón (Neapel) – in Kontakt stand. In der Tat befanden sich Charlotte und Don Alfonso im Herbst des Jahres 1481 zu konspirativen Verhandlungen in Kairo. Es ist also plausibel, daß Meshullam auf seiner Reise dem *maestro di casa* der Königin Charlotte begegnete, der möglicherweise zu Sondierungen vorab nach Ägypten entsandt worden war. Die Versuche Charlottes, den Thron wiederzuerlangen, scheiterten langfristig, sie starb 1487 in Rom. Im Jahre 1489 ereilte – wie unser Reisender allerdings noch nicht wissen konnte – ihre Rivalin Caterina dasselbe Schicksal: Sie mußte Zypern verlassen und das Inselkönigreich nunmehr auch offiziell an Venedig übertragen. Siehe zusammenfassend v.a. Maier, *Cypern*, S. 91–99; Arbel, *Venetian Cyprus and the Muslim Levant*, S. 159–162; die (von J. Richards verfaßten) Lemmata *Charlotte v. Lusignan* und *Zypern* im *LexMA* (Bd. 2, Sp. 1731 bzw. Bd. 9, Sp. 738–745); Cortese, *Don Alfonso d'Aragona*. Für die Details siehe insb. Magnante, *L'acquisto dell'isola di Cipro*, passim.

17 Bereshit Rabba 78:8.

18 Bei den Karäern handelt es sich um eine jüdische Sekte, deren Anfänge ins 8. Jahrhundert zurückreichen. Die Karäer lehnen die mündliche Tora und damit den religionsgesetzlichen Deutungsanspruch der Rabbiner ab. Auch die Samaritaner, die aus dem antiken Judentum hervorgegangen sind, akzeptieren die rabbinisch-talmudische Gesetzestradition nicht. Zentrale Bedeutung im religiösen Leben der Samaritaner hat hingegen das aus biblischen Zeiten abgeleitete Priestertum. Vgl. *LexJ*, s.v. Eine Reihe weiterer wichtiger Unterscheidungsmerkmale erwähnt unser Reisender weiter unten ausführlich (siehe S. 55).

19 Also Juden, die weder Karäer noch Samaritaner sind und sich vielmehr an die schriftliche *und* mündliche Tora halten.

20 Rashi zu 4 Mose 29:36. In Unkenntnis dieser Bibelstelle und des Rashi-Kommentars lesen einige Übersetzungen *Früchte* statt *Stiere* (im Hebräischen homophon). Mit *dem Feiertag* ist hier das siebentägige Laubhüttenfest (*Sukkot*) gemeint. Gemäß 4 Mose 29:12–37 waren die Israeliten während des gesamten Festes verpflichtet, Tieropfer darzubringen, wobei die Zahl der zu opfernden Stiere täglich abnehmen sollte.

21 Vgl. z.B. 1 Mose 37:25; 2 Mose 14:10.

22 Es handelt sich offenbar um den *Codex Ezra* (bzw. eine Abschrift). Vgl. Ginsburg, *Introduction to the Massoretico-Critical Edition*, S. 437, 748–749.

23 Nach arab. *funduq* (Warenbörse, Lagerraum). Vgl. Mancini, *Contatti*, S. 1643. Die Fondachi dienten oftmals auch als Wohnräume und Herbergen für die (christlichen) Kaufleute.

24 Christlich-lateinische Europäer (im Gegensatz zu orthodoxen Christen).

25 Im Original: *ammiraglio* (it.). Die Übersetzung mit *Emir* gibt der Reisende selbst weiter unten. Zur Funktion der Emire – vor allem als Armeeoffiziere – im Mamlukenreich vgl. Ayalon, *Studies on the Mamluks*, I, S. 467–471.

26 Von den Brieftauben des Sultans berichten auch andere zeitgenössische Reisende, so etwa Anselm Adorno (*Itinéraire d'Anselme Adorno*, S. 160) und Felix Fabri (*Evagatorium*, Bd. 3, S. 59–60).

27 Es ist unklar, welcher Art diese Repressalien waren. Jedenfalls trifft es zu, daß Florenz kurz darauf (um 1485) Verhandlungen mit dem Sultan aufnahm, um eine Verbesserung und Vertiefung der Handelsbeziehungen zu erreichen. Vgl. Wansbrough, *Venice and Florence*, S. 483.

Auf dem Nil von Alexandria nach Kairo

1 Im weiteren Verlauf auch *Maestro di casa* genannt.

2 Charlotte von Lusignan (vgl. S. 113, Anm. 16)

3 Raschid.

4 5 Mose 22:14; 22:17.

5 Im Original: *mucaro* (von arab. *mukar* [Mancini, *Contatti*, S. 1644]). »Kamel- oder Eselstreiber«, so der Zeitgenosse Arnold von Harff, *Pilgertagebuch*, S. 151. Vgl. auch Fabri, *Evagatorium*, Bd. 2, S. 100, 385.

6 Hier und im weiteren steht im Original für Barke »germa« (von arab. *jarm* [Mancini, *Contatti*, S. 1643]).

7 Fuwwa.

8 Gegen 18 Uhr.

9 Siehe das Ende des Absatzes.

10 Prato hatte im späten 15. Jahrhundert ungefähr 950 Haushalte (also etwas mehr als 4000 Einwohner). Vgl. Klapisch-Zuber, *Women, Family, and Ritual*, S. 26, 30.

11 Sa [allerdings zwischen Fuwwa und Kairo, heute: Sa al-Hajjar].

12 Al-Muhaililat [allerdings zwischen Fuwwa und Kairo, heute: Haud (bei Asmaniyya)].

13 Vermutlich al-Giddiyya.

14 Burunbara [heute: Birinbal].

15 Konnte nicht identifiziert werden.

16 Sidrisha [heute bei Kafr Shubra Hit].

17 Konnte nicht identifiziert werden.

18 Azri [?] [allerdings zwischen Fuwwa und Kairo, heute: Kafr al-Baga]

19 Konnte nicht identifiziert werden.

20 Konnte nicht identifiziert werden.

21 Konnte nicht identifiziert werden.

22 Mahallat Nikla [allerdings zwischen Fuwwa und Kairo, heute: Nikla al-Inab].

23 Im Original: *muggini* (it.); einige Arten aus der Familie der Meeräschen (*Mugilidae*) leben in der Tat in Flüssen.

24 Al-timsah.

25 Gemeint ist die Kinnlade.

26 Plinius d. Ä., *Naturalis historiae*, VIII, 37.

27 Dies ist freilich ein italienisches Wort. Plinius benützt das lateinische Wort *crocodilum*.

28 Bei Plinius ist von 18 Ellen (*cubita*) die Rede.

29 Plinius, *Naturalis historiae*, VIII, 37.90: »trochilos« (*Pluvianus aegyptius*, dt.: Krokodilwächter).

30 Meshullams Ausführungen zum Krokodil und zum Trochilos orientieren sich an den Angaben des Plinius, ergänzen diese aber zweifellos durch eigene Beobachtungen. Indes ist die Beschreibung deswegen keineswegs über alle Zweifel erhaben, wie der Reisende erhofft hatte. Das Krokodil verfügt durchaus über einen Darmausgang. Außerdem kommt die Nahrungsaufnahme des Vogels im offenen Maul des Reptils in der Natur wohl höchstens in Einzelfällen vor, wenn sie nicht sogar ganz ins Reich der Legenden zu verweisen ist. Vgl. Howell, *Biology of the Egyptian Plover*, S. 3–5.

31 Italianisierte Bezeichnung für den *muayyadi*, eine 1415 erstmals geprägte ägyptische Silbermünze. In deutschen Reiseberichten dieser Zeit wird diese Münze oft als *Maidine* oder auch *Meidin* bezeichnet.

32 Weiter oben auch *Gran maestro* genannt.

33 Meshullam ist nicht der einzige europäische Reisende, der sich über die Zudringlichkeit und Gewaltbereitschaft der Nilschiffer beklagte. Vgl. zum Beispiel auch die Schilderung Anselm Adornos (*Itinéraire d'Anselme Adorno*, S. 176).

34 Salamun (nicht eindeutig zu identifizieren, da im Nildelta mehrere Orte unter diesem Namen existierten).

35 Al-Nahririyya [heute: al-Nahariyya].

36 Vermutlich al-Tarrana.

37 Konnte nicht identifiziert werden.

38 Abu Nushshaba [?] [heute: Abu Nishshaba].

39 Al-Guraisat [?] [heute: Gires].

40 Konnte nicht identifiziert werden.

41 Konnte nicht identifiziert werden.

42 Shatanuf.

43 Qalyub.

44 Konnte nicht identifiziert werden.

Kairo

1 Im Orginal: *quartieri* (it.). Die Rede von 24000 *contrade* oder »besundri revier« wurde damals in der Tat sowohl von deutschen als auch italienischen Reisenden kolportiert, denen Kairo oftmals als größte Stadt schlechthin galt. Vgl. z.B. Fabri, *Evagatorium*, Bd. 3, S. 81. Einige Jahre später berichtet Arnold von Harff etwas abweichend, daß es in Kairo »24000 Gassen oder Straßen [gibt]. Davon sind 24 Hauptstraßen.« (Harff, *Pilgertagebuch*, S. 118). Vgl. auch Hippler, *Reise nach Jerusalem*, S. 284–285. Eine Erklärung bietet jetzt Schröder, nach dessen Meinung Begriffe wie *contrada* oder *revier* von den Reisenden für die Beschreibung der »inselähnlich strukturierten Wohnviertel« (arab. *hara*) benutzt wurden, die über von der Hauptstraße abzweigende Sackgassen zugänglich waren. (*Zwischen Christentum und Islam*, S. 165, Anm. 382).

2 Das heutige Fustat (Alt-Kairo).
3 Diese Zahl ist deutlich zu hoch angesetzt, denn sie ergäbe – bei der Annahme, daß weiter oben 24 Stadtteile gemeint sind – eine Gesamteinwohnerzahl von über 700 000. Eine Reihe von christlichen Reisenden zu dieser Zeit berichten hingegen von 240 000 Einwohnern (vgl. Hippler, *Reise nach Jerusalem*, S. 284–285). Diese Zahl dürfte realistischer sein. Moderne Historiker schätzen die Einwohnerzahl Kairos um das Jahr 1500 auf ungefähr 200 000. Vgl. Raymond, *Cairo's Area and Population*, S. 30.
4 Der italienische Begriff *turcimanno* (auch: Dragoman; von arab. *turjuman*; vgl. auch hebr. *turgeman*) bezeichnet einen Dolmetscher mit Kenntnissen mindestens einer orientalischen und einer europäischen Sprache. Im vorliegenden Fall ist von einem solchen Dolmetscher in obrigkeitlichen Diensten die Rede. Allerdings gab es auch Dolmetscher, die ihre Dienste den zahlreichen europäischen Pilgern und Kaufleute anboten und zudem als ortskundige Führer agierten. So war beispielsweise für den christlichen Pilger Arnold von Harff ein Turcimanno in erster Linie ein »Führer, der viel Sprachen spricht« (in diesem zweiten Sinne begegnet der Begriff in der Tat weiter unten auch in unserer Quelle). Die Unentbehrlichkeit dieser ortskundigen Dolmetscher für zeitgenössische Reisende aus Europa wird nicht zuletzt durch die Tatsache verdeutlicht, daß der Begriff sogar Eingang in den (damaligen) deutschen Wortschatz fand, und zwar als »Trutschelman« oder auch »Trutzelmann«. Vgl. z. B. Harff, *Pilgertagebuch*, S. 86 und passim.
5 Gemeint ist der Oberdragoman Taghri Berdi (auch unter dem Patronym *Ibn Abdullah* bekannt). Er wird von verschiedenen christlichen wie jüdischen Reisenden dieser Zeit erwähnt, deren Angaben über seinen Hintergrund sich allerdings widersprechen. Zumindest die Herkunft aus Spanien scheint aus heutiger Sicht festzustehen. Wenngleich er also kein Mamluk im eigentlichen Sinne war, muß es sich bei Taghri Berdi in jedem Fall um einen Renegaten gehandelt haben, wobei allerdings unklar ist, ob er in Ägypten vom jüdischen oder christlichen Glauben abgefallen war. 1507 wurde er als Botschafter des Mamlukensultans auf eine Mission nach Venedig entsandt. Vgl. Wansbrough, *A Mamluk Ambassador*, v. a. S. 503–S. 504.
6 Als *Nagid* wurde in der Regel der offizielle Vorsteher einer jüdischen Gemeinde in islamischen Ländern bezeichnet. Unter den Mamluken verfügte der Nagid der ägyptischen Judenschaft innerhalb der dortigen Gemeinden über beträchtliche administrative und juridische Macht und stand auch den Juden von Palästina vor (wo er allerdings de facto von einem Vize-Nagid vertreten wurde). Vgl. David, *To Come to the Land*, S. 255; Eliezer Bashan/Elinoar Bareket, Lemma *Nagid*, in: *EJ*, Bd. 14, S. 729–733.
7 Spr 7:15.
8 Im Original: *brigantino* (it.).
9 Der hebr. Ausdruck *ben-chorin* ist hier vielleicht als ironische Anspielung auf die Pessach-Haggada (Abschnitt *Maggid*) zu verstehen, wo es freilich der Aus- und nicht etwa der Einzug nach Ägypten ist, der die Freiheit stiftet. Vgl. *Die Pessach-Haggadah*, hg. von Philipp Schlesinger und Josef Güns, Tel Aviv 1976, S. 3.

10 Im Original: *moro* (it.). Der Begriff bezeichnete für damalige Reisende die seßhafte muslimische Bevölkerung (im Unterschied etwa zu dem Begriff *arabo*, den europäische Reisende – darunter auch Meshullam – für die nomadischen Beduinen verwendeten). Zur Terminologie vgl. auch Reichert, *Erfahrung der Welt*, S. 153.
11 Vgl. 1 Sam 12:4.
12 Babylon.
13 Im Original: *punta di diamante* (it.). Gemeint sind natürlich die Pyramiden.
14 Gemeint ist offenkundig die Spitze.
15 Heute: Gizeh.
16 Gemeint sind die Kornhäuser Josefs. Vgl. 1 Mose 41:35; 41:56. Auf welche vor Ort existierenden Gebäude der Reisende sich bezieht, ist unklar. Die Pyramiden sind offenkundig nicht gemeint, obwohl diese Gleichsetzung sich in den Reiseberichten christlicher Zeitgenossen durchaus nachweisen läßt. Vgl. dazu auch Hippler, *Reise nach Jerusalem*, S. 178; Khattab, *Das Ägyptenbild*, S. 99–105.
17 Italianisiert für arab. *fils* (pl. *fulus*), eine Kupfermünze des Mamlukenreiches. Vgl. Cardini, *In Terrasanta*, S. 366.
18 Diese Vorstellungen zur Qualität und Quelle des Nils finden sich bereits bei Benjamin von Tudela im 12. Jahrhundert (*Buch der Reisen*, S. 45). Sie können aber ebenfalls bei christlichen Reisenden nachgewiesen werden, vgl. dazu Hippler, *Reise nach Jerusalem*, S. 172, 248–249, 282–283.
19 In diesem Kontext: ein Wein aus getrockneten Weintrauben (arab. *zabiba*).
20 »Ein süßer Wein, welcher um die Stadt Napoli di Malvasia auf der Halbinsel Morea wächst«, so Krünitz, *Oekonomische Encyklopädie*, Bd. 83, S. 483–484. Nach Reichert bezieht sich die Bezeichnung *Malvasier* hingegen »auf einen Ort, der nicht sicher identifiziert werden« kann, wobei die besten Sorten auf Kreta vermutet wurden (Harff, *Pilgertagebuch*, Anm. 192).
21 Babylonischer Talmud, Megilla 7b: »Am Purimfest muß man so viel trinken, bis man zwischen der Verfluchung Hamans und der Lobpreisung Mordechais nicht zu unterscheiden weiß.« Diese später sprichwörtlich gewordene Wendung meint also den Zustand des Betrunkenseins.
22 Est 1:8.
23 Der it. Begriff leitet sich von arab. *makhzan* her (Mancini, *Contatti*, S. 1643).
24 Es handelt sich um den Mamlukensultan Kait-Bay (reg. 1468–1496).
25 5 Mose 5:4.
26 Eigentlich: Blumen.
27 Bulaq (damals der Haupthafen von Kairo, heute ein Stadtviertel der Metropole).
28 Vgl. 2 Mose 1:9; Joel 2:5; Ps 35:18.
29 1 Mose 31:27; vgl. auch Ps 149:3.
30 Meshullam beschreibt in diesem Absatz einen Nilometer (arab. *miqyas*) In Ägypten existierten mehrere dieser Anlagen zum Ablesen des Nilstandes. Der von Meshullam erwähnte und wohl berühmteste Nilometer steht in Roda (Rawda), einer Insel im Nil (im Süden Kairos), und wurde im 7./8. Jahrhundert n.d.Z. erbaut. Meshullams Angaben decken sich weitgehend mit dem heutigen

Wissen über die Funktion des Nilometers und die Bedeutung der jeweiligen Pegelstände. Bei der feierlichen Zeremonie, von der unser Reisender berichtet, dürfte es sich wohl um die traditionelle Öffnung eines Dammes in der Nähe des Nilometers von Roda handeln. Die Öffnung des Dammes durch den Sultan wurde in der Tat durch Musik begleitet. Vgl. v.a. William Popper, *The Cairo Nilometer*; siehe auch J. Ruska, Lemma *Mikyās*, in: *EI*, Bd. 7, S. 39–40; sowie jetzt auch Seidlmayer, *Historische und moderne Nilstände*, v.a. S. 29–35.

31 In der Nähe des heutigen Nablus.

32 Das heißt: sowohl Bibel (bzw. Pentateuch) als auch Talmud.

33 Die Bedeutung dieser Bezeichnung ist unklar. Vielleicht verweist der Wortteil *Ruscheiti* auf Rosetta [arab. Rashid] als möglichen Ort dieses Gefängnisses, über das in der Forschung allerdings nichts bekannt ist.

34 Gemeint ist hier: vor den Augen der Kairoer Judenschaft. Vgl. insb. 5 Mose 31:7; 5 Mose 34:12; Jos 10:12; 2 Sam 16:22; 1 Chr 28:8; 1 Chr 29:25.

35 Gemeint ist wohl der Zeigefinger.

36 Gemeint sind *Id al-fitr* (Fest des Fastenbrechens) und *Id al-adha* (Opferfest).

37 Der Fastenmonat Ramadan.

38 Der genaue Hintergrund dieser – polemischen – Passage ist in den bisherigen Ausgaben und Übersetzungen unbeachtet geblieben. Meshullam benützt für die Zahlenangaben im hebräischen Original den Zahlenwert der entsprechenden Buchstaben des hebräischen Alphabets, also ה [5], ב [2] und ל [30]. Faßt man diese Buchstabenfolge als Wort auf, ergibt sich hebr. הבל [hebr.: Nichtigkeit, Tand]. Damit ist in der Tat eine Brücke zum besagten Gebet *Alenu leshabeach* geschlagen, das von religiösen Juden dreimal am Tag aufgesagt wird. In der traditionellen Fassung dieses Gebets heißt es im siebten und achten Vers über die Nichtjuden: *She-hem mishtachavim le-hevel va-rik u-mitpallelim el el lo yoshia* (»Sie beugen sich nieder vor der Nichtigkeit und der Leere [Jes 30:7] und beten zu einem Gott, der nicht retten kann [Jes 45:20]«). Aufgrund dieser zwei Zeilen war das Gebet über Jahrhunderte hinweg Anlaß für Beschuldigungen gegen Juden. So wurde etwa behauptet, die Worte *hevel va-rik* [Nichtigkeit und Leere] bezögen sich in dem Gebet auf Jesus, weil das Wort *varik* denselben Zahlenwert wie die hebräische Bezeichnung für Jesus habe, nämlich 316. Vorsicht der Juden, aber auch obrigkeitliche Zensur und Strafandrohungen führten dazu, daß die beiden Verse immer häufiger aus (aschkenasischen) Gebetsbüchern verschwanden. In Preußen wurden im 18. Jahrhundert mitunter sogar staatliche Kommissare in die Synagogen entsandt, die über die Ausführung des *Alenu* wachen sollten. Vgl. auch Elbogen, *Der jüdische Gottesdienst*, S. 80–81; Nulman, *Encyclopedia of Jewish Prayer*, S. 24–26.

39 Ha-Talmid: der Schüler (hebr.).

40 2 Chr 17:3; 2 Chr 20:32; 2 Chr 34:2; vgl. auch 1 Kön 15:26; 22:53.

41 Hi 1:1; 1:8; 2:3.

Durch die Wüste Sinai: Der Weg von Kairo nach Gaza

1 Der Balsam, über den Meshullam im weiteren ausführlich berichtet, war ein legendenumranktes Erzeugnis Ägyptens, das in einer Reihe von zeitgenössischen Reiseberichten erwähnt wird. Vgl. zum Beispiel den fast zur selben Zeit entstandenen Bericht (1476–1479) des Alessandro Ariosto (*Itinerarium*, Kap. 55). Auch Anselm Adorno (*Itinéraire d'Anselme Adorno*, S. 192–196) und Felix Fabri (*Evagatorium*, Bd. 3, S. 6–18) rücken in ihre Reiseberichte diesbezügliche Exkurse ein. Der Balsamgarten befand sich in al-Matariyya, nördlich von Kairo. Christliche Reisende erklärten den *genius loci* damit, daß die Heilige Familie auf der Flucht nach Ägypten dort gerastet habe (vgl. Khattab, *Das Ägyptenbild*, S. 69–76, 92–94). Solch eine christliche Sichtweise fehlt bei unserem Reisenden naturgemäß, dafür dürfte er auch hier einmal mehr mit den Ausführungen von Plinius vertraut gewesen sein. Vgl. Plinius d. Ä., *Naturalis historiae*, XII, 54. Interessanterweise greift Meshullam nicht die – beispielsweise bei Fabri (unter Bezug auf 1 Kön 10) erwähnte – Vorstellung auf, wonach der Balsambaum einst durch die Königin von Saba in die Levante gelangt sei.

2 Kosobaum (*Hagenia abyssinica*), ein Rosengewächs.

3 Mohammed.

4 Im Original eigentlich: Öl des Balsams.

5 Vgl. Jes 6:10.

6 al-Khaniqa.

7 2 Mose 17.

8 Wortbedeutung unklar.

9 Bilbais.

10 Siehe z.B. 1 Mose 46:28–34; 2 Mose 8:18.

11 Das hebräische Wort *hekdesh* bezeichnete unter Juden im damaligen Sprachgebrauch eine wohltätige Institution, die sowohl Aufgaben eines Hospitals als auch einer Herberge für Ortsfremde übernahm.

12 1 Mose 30:11.

13 Am Ausgang des Shabbat.

14 al-Khattara.

15 Im Original: *amimilo* (italianisiert von arab. *imma* [Turban]).

16 Der Begriff leitet sich wohl nicht von it. *caparra* (Anzahlung, Pfand) ab, sondern vielmehr von arab. *khafr* (Wacht) womit ein Wegezoll gemeint ist, den alle Reisenden, vornehmlich aber die *dhimmi* (Christen und Juden) entrichten mußten. Vgl. auch den Reisebericht Anselm Adornos, der das Wort im Lateinischen mit *gaphiragius* wiedergibt: »Erant enim Arabes multi una de parentela […] qui illius loci atque patrie gaphiragium sive passagium optinebant.« (*Itinéraire d'Anselme Adorno*, S. 240). Zu dieser Abgabe vgl. auch David, *The Jewish Settlement*, S. 58; Cl. Cahen, Lemma *Khafāra*, in: *EI*, Bd. 4, S. 913.

17 Salihiyya.

18 Unklar.

19 Hes 20:33; 20:34

20 Bir al-Duwaydar.

21 Hebr.: Brunnen.
22 Qatya.
23 1 Mose 16:10; 32:13; 1 Kön 3:8; 8:5; 2 Chr 5:6.
24 Zur Italianisierung des Wortes vgl. Mancini, *Contatti*, S. 1643.
25 2 Mose 21:13.
26 Gegen 19 Uhr.
27 Ps 107:30.
28 Bir al-Abd.
29 al-Sawada.
30 Konnte nicht identifiziert werden.
31 Um al-Husain.
32 Gegen 16 Uhr.
33 Auch: al-Arish.
34 2 Mose 12:37.
35 Die Bedeutung von arab. *arish* entspricht dem hebr. *sukka* (pl. *sukkot*): Hütte.
36 1 Mose 33:17.
37 Unser Reisender war nicht der einzige Zeitgenosse, den diese Insekten plagten. Vgl. zum Beispiel Fabri, *Evagatorium*, Bd. 2, S. 395 sowie Tucher [Edition bei Herz, S. 495], der über die »grossen leuß, pedockÿ de pharon genant« klagt. Tucher, der gleichfalls Zitronen als Abhilfe empfiehlt, weiter über das Insekt: »Der jst eine als groß als eine hasel nuss vnd peissen vnmeßlich vast.« Angesichts der Tatsache, daß selbst ein deutscher Reisender in diesem Kontext das it. Wort *pidocchio* (Laus) benützt, ist hervorzuheben, daß Meshullam hier bewußt das entsprechende hebräische Wort *kinnim* wählt, das in der Bibel die dritte der Zehn Plagen bezeichnet (2 Mose 8:12).
38 Heute: Shaikh Zuwaid.
39 Khan Yunis.
40 4 Mose 16:34.

Gaza

1 2 Mose 12:22.
2 Ps 105:38; Est 8:17; 9:2; 9:3.
3 1 Mose 22:5.
4 Gemeint ist ein Khan, also eine Karawanserei. Im weiteren Verlauf der Übersetzung wird *elchaiyunis* stillschweigend mit Khan wiedergegeben.
5 Est 3:15.
6 Von *naib* (arab.: Stellvertreter) [vgl. Mancini, *Contatti*, S. 1644]. Bei einem *naib* handelte es sich um den Gouverneur einer der großen Reichsprovinzen. Vgl. Halm, *Ägypten*, Bd. 1, S. 57; Ayalon, *Studies on the Mamluks*, I, S. 57–58.
7 Ramla.
8 In der Bibel eine Stadt der Philister.
9 Vgl. insb. Jos 8:19; 2 Sam 14:30, Jer 32:29.
10 1 Chr 4:40.

11 5 Mose 8:7, 11:11.
12 1 Mose 22:17; Jos 11:4; 1 Sam 13:5, 1 Kön 15:9.
13 Ri 16:30.
14 Pessach-Haggada (Abschnitt *Maggid*). Die Übersetzung hier nach der Haggada-Ausgabe von Schlesinger/Güns, S. 24. Mit den Stufen der göttlichen Güte sind die Beweise göttlicher Fürsorge gemeint.
15 »[D]as ist zwiefach gebackenes Brot«, so der Zeitgenosse Arnold von Harff, *Pilgertagebuch*, S. 87, 139.
16 So im Original, und nicht wie sonst »die Sprache der Ismaeliten«.
17 Christlich-lateinische Europäer (im Gegensatz zu orthodoxen Christen).
18 Vgl. v.a. 3 Mose 25:40.
19 Vgl. Hab 1:8.
20 Im Original: *mazze ferrate* (it.).
21 Im Original: *schioppetti* (it.).
22 Es ist unklar, was damit gemeint ist.
23 Möglicherweise ist damit ein Ritual des Segnens gemeint. Vielleicht liegt aber auch ein Fehler des Schreibers vor, so daß eigentlich »die Hände des Wohltäters« gemeint sind.
24 Vgl. die Schilderung des Zeitgenossen Anselm Adorno, der sich ebenfalls zu diesen Gepflogenheiten äußert und die Beschreibung unseres Reisenden bestätigt: »Viri enim, quemadmodum faciunt nostre mulieres, inclinati ad terram, uti sepe vidimus, urinam spargunt eaque sparsa terram sumunt qua virgam tergunt.« (*Itinéraire d'Anselme Adorno*, S. 72).
25 Vgl. arab. *rayahin* (duftende Pflanzen). Hinweis von Samuel Krug.
26 Eingangs ist noch von Eseln die Rede, hier und im weiteren allerdings nur noch von Pferden.
27 Christlich-lateinische Europäer (im Gegensatz zu orthodoxen Christen).
28 Vgl. Koh 1:16, 1 Kön 10:7.
29 4 Mose 20:20.
30 Vgl. insb. 1 Mose 32:26; Jer 1:19; 15:20.
31 Meshullam berichtet hier von Uzun Hasan (geb. 1425), dem seit 1453 herrschenden, mächtigen Anführer der turkmenischen Stammesföderation *Ak Koyunlu* (»Weiße Hammel«). Auf dem Höhepunkt seiner Macht regierte Uzun Hasan ein Reich, das von Ostsyrien bis zum heutigen Aserbaidschan und von Tiflis bis Bagdad reichte. Er war ein erbitterter Gegner der Osmanen, kämpfte zeitweise aber auch gegen die Mamluken. Bei diesen Kriegszügen gegen die Mamluken kann es sich allerdings nicht um die von unserem Reisenden erwähnte Offensive handeln, da Uzun Hasan bereits drei Jahre zuvor (1478) verstorben war. Vielmehr ist anzunehmen, daß hier von Uzun Hasans Sohn Yaqub und dessen Sieg über ein ägyptisches Heer (1480) die Rede ist. Zu Uzun Hasan vgl. allg. V. Minorsky/C.E. Bosworth, Lemma *Uzun Hasan*, in: *EI*, Bd. 10, S. 963–967. Siehe auch Haarmann/Halm, *Geschichte der arabischen Welt*, S. 261.
32 Die Bedeutung des Wortes ist unklar. Gemeint ist wohl der mächtige Mamlukengeneral und Emir Yashbak Min Mahdi, der 1480 im Krieg gegen Uzun Hasans Sohn unterlag (siehe Anm. 31) und daraufhin im südostanatolischen

Edessa auf grausamste Weise hingerichtet wurde. Siehe Haarmann/Halm, *Geschichte der arabischen Welt*, S. 261.

33 Vgl. insb. 2 Mose 12:12; 4 Mose 33:4; Hes 25:11.

34 2 Kön 12:5; Jer 3:16; 7:31; 19:5; 32:35; Hes 38:10.

35 Ps 9:14; 107:18; Hi 38:17.

36 Est 6:12

37 Ps 107:30.

38 Weiter oben wird ihre Zahl mit sechzig angegeben.

39 Tzoref: Goldschmied (hebr.).

40 Siehe weiter oben, S. 55.

Hebron

1 Die Höhle der Patriarchen. Vgl. v.a. 1 Mose 23:19.

2 Babylonischer Talmud, Bava Metzia 86b; Rashi zu 1 Mose 18:7. Vgl. auch Ginzberg, *Legends of the Jews*, Bd. 1, S. 205–206.

3 1 Mose 18:7.

4 1 Mose 25:28.

5 1 Mose 25:34.

6 Jedermann in Hebron hatte – zu Ehren des Erzvaters Abraham – das Recht auf eine kostenlose Mahlzeit am Tag (arab. *as-sima al khalili* oder auch *adas khalil)*. Dieser Brauch wird bereits in arabischen Quellen des 10. Jahrhunderts erwähnt und wurde nicht zuletzt durch die Erträge frommer Stiftungen finanziert. In der Mamlukenzeit wurden eine Mahlzeit namens *dashisha* sowie Brot dreimal am Tage verteilt (darunter einmal am Tage an auswärtige Besucher). Arabische Quellen sprechen von zeitweise bis zu 15000 Brotlaiben (vgl. M. Sharon, Lemma *al-Khalīl*, in: *EI*, Bd. 4, S. 954–961, hier S. 957). Meshullam setzt die Zahl der Brotlaibe etwas geringer an (13000), was aber immer noch deutlich höher ist als Fabris Angabe, der 1480 von 1200 Brotenlaiben spricht und zudem die Ausgabe von Öl und einer breiartigen Mahlzeit erwähnt (*Evagatorium*, Bd. 2, S. 350). Vgl. auch die Beschreibung des Ovadia di Bertinoro aus dem Jahr 1488, allerdings ohne Angaben von Mengen (*Me-Italya li-Yerushalayim*, S. 63). In jedem Fall erhielt sich das Brauchtum auch nach dem Fall des Mamlukensultanats (1517). So erwähnt beispielsweise knapp vierzig Jahre nach Meshullams Besuch der jüdische Reisende Moses Basola die Ausgabe von Brot, wobei er die Zahl der verteilten Laibe allerdings auf nur 8000 beziffert (*In Zion and Jerusalem*, S. 77).

7 Im Original: *Cristiani della cintura* (it.). Orientalische Christen (meistens Melkiten oder Kopten). In islamischen Ländern mußten sie als Zeichen der Unterwerfung einen Gürtel tragen. Harff, *Pilgertagebuch*, Anm. 240.

8 1 Sam 19:5; 1 Sam 28:21; Hi 13:14; vgl. auch Ri 12:3; Ps 119:109.

9 Vermutlich handelt es sich um das damals bereits existierende Halhul, 5 km nördlich von Hebron. Vgl. Hütteroth, *Palästina und Transjordanien*, S. 67.

10 Das Grab Isais wird von gläubigen Juden mit einer Ruine bei Tel Rumeida, südwestlich von Hebron, identifiziert.

11 5 Mose 22:14; 22:17.
12 Ein leichtes, schnelles Pferd (it.).
13 Vgl. insb. 1 Mose 34:3; 50:21; Ri 19:3.
14 Vgl. insb. 2 Mose 4:15; 4 Mose 23:5; 23:16; 2 Sam 14:19.
15 5 Mose 18:8.
16 Hier wurde – wie bereits stillschweigend an vorherigen Stellen – der hebr. Begriff *em ha-derech* mit »Hauptstraße« übersetzt. Die eigentliche Wortbedeutung (»Wegkreuzung«) ist hier nicht plausibel, wie beispielsweise auch aus dem Vergleich mit zeitgenössischen Reiseberichten hervorgeht. So gibt der christliche Zeitgenosse Felix Fabri die Lage von Rahels Grab ebenfalls »in publica via« an (vgl. sein *Evagatorium*, Bd. 1, S. 433).
17 Im Norden von Bethlehem.

Jerusalem

1 Jos 6:1.
2 Die Formel stammt aus *Birkat ha-gomel*, einem Gebet, das man beispielsweise spricht, wenn man von einer Reise zurückgekehrt oder einer Lebensgefahr entronnen ist.
3 Zusammenfassend zu den halachischen Vorschriften zum Ausdruck der Trauer beim Anblick Jerusalems vgl. Reiner, *Aliya ve-aliya la-regel*, S. 162–164; siehe auch Basola, *In Zion and Jerusalem*, S. 72, Anm. 49;
4 Die heutigen Mauern der Altstadt von Jerusalem wurden erst 1537–1540 auf Befehl Süleymans des Prächtigen errichtet.
5 Es handelt sich eigentlich um ein einziges Tor, das auch als *Goldenes Tor* bekannt und heute vermauert ist. Im 15. Jahrhundert muß es noch über kupferverkleidete Torflügel verfügt haben. Die Vermauerung geht auf die osmanische Epoche zurück und wird daher in der Tat von Meshullam noch nicht erwähnt. Bieberstein/Bloedhorn, *Jerusalem*, Bd. 3, S. 200–204; Rosen-Ayalon, *Early Islamic Monuments*, S. 44.
6 Hebr.: *Even shetiyya*. Nach jüdischer Auffassung die Stätte, an der die Erschaffung der Welt ihren Ausgang nahm. Im Jerusalemer Tempel soll der Fels den Mittelpunkt des *Allerheiligsten* gebildet haben. Der Gründungsstein wurde und wird in der Regel mit dem Felsen unter der Kuppel des Felsendoms identifiziert. Wie in der Einleitung bereits erwähnt, war Meshullam als Nichtmuslim der Zutritt zum Felsendom verwehrt. Seine Beschreibung stützt sich daher nicht auf eigene Anschauung, sondern auf die Mischna: Dort heißt es in der Tat, der Gründungsstein sei *drei Finger höher als der Erdboden* gewesen (Yoma 5:2).
7 Gemeint ist: über einem Quadrat errichtet.
8 Mit dem Begriff Quadrat ist wohl das Oktogon des Felsendoms gemeint. Der Durchmesser der Kuppel beträgt nach heutigen Messungen 20,40 m. Vgl. Bieberstein/Bloedhorn, *Jerusalem*, Bd. 3, S. 72–87; O. Grabar, Lemma *Kubbat al-Sakhra*, in: *EI*, Bd. 5, S. 298–299, hier S. 298.

9 Dies trifft in der Tat noch bis ins 20. Jahrhundert zu: Die heutige Aluminiumkuppel des Felsendoms trat erst 1967 an die Stelle der Bleikuppel. Bieberstein/Bloedhorn, *Jerusalem*, Bd. 3, S. 75.

10 Es handelt sich offenbar um den sogenannten Brunnen der Seelen (*Bir al-arwah*).

11 Der neunte Tag des Monats Av. An diesem Fastentag gedenken Juden der Zerstörung des ersten und zweiten Tempels.

12 Hebr.: Lehrhaus Salomos. Gemeint ist die al-Aqsa Moschee, die seit den Zeiten der Kreuzfahrerherrschaft von Europäern irrtümlich mit dem Begriff *Templum Salomonis* bezeichnet wurde. Vgl. auch den Reisebericht des Moses Basola (*In Zion and Jerusalem*, S. 73. Anm. 10) sowie allgemein Bieberstein/Bloedhorn, *Jerusalem*, Bd. 3, S. 54.

13 Gemeint ist die *Madrasa al-ashrafiyya* aus der Spätzeit der Mamlukenherrschaft. Der Bau wurde vermutlich um 1465 begonnen und 1482 vollendet. Bieberstein/Bloedhorn, *Jerusalem*, Bd. 2, S. 418–419.

14 Zu dieser Legende vgl. Yaari, *Massa Meshullam mi-Volterra*, S. 73, Anm. 1.

15 1 Mose 22: 1–19. Im Hebräischen wird die Opferung Isaaks als »Bindung Isaaks« bezeichnet.

16 Joel 4:2. Das Tal, das als Stätte des endzeitlichen Gerichts galt, wurde ab dem frühen Mittelalter mit dem Kidrontal (zwischen Öl- und Tempelberg) identifiziert.

17 Bieberstein/Bloedhorn, *Jerusalem*, Bd. 3, S. 297–298;

18 Ebd., S. 405.

19 Das Grab Habakuks wurde an verschiedenen Orten im Heiligen Land vermutet. Die Jerusalemer Stätte läßt sich heute nicht mehr genau lokalisieren. Vgl. auch ebd., S. 279.

20 Im Original: *a punta di diamante* (it.). Gemeint: pyramidenförmig.

21 Die archäologische Forschung spricht – etwas präziser als unser Reisender – von einem Grabmonolithen mit Trompetendach (verm. 1. Jh. n.d.Z.). Bieberstein/Bloedhorn, *Jerusalem*, Bd. 3, S. 239. Die damals gängige und noch heute populäre Identifikation der Anlage mit dem Grab Absaloms stützt sich auf 2 Sam 18:18.

22 Als Gerechter (hebr. *Tzaddik*) gilt im Judentum derjenige, der rechtschaffen lebt und gerecht handelt. Im Talmud wird die Bezeichnung Tzaddik zudem für diejenigen gebraucht, die über die Erfüllung des Gesetzes hinausgehen. Zahlreiche Protagonisten des Alten Testaments gelten im Judentum als Gerechte, darunter etwa Noah. Vgl. *LexJ*, s.v.

23 Eine frühherodianische Grabanlage, deren pyramidales Dach allerdings monolithisch ist. Vgl. Bieberstein/Bloedhorn, *Jerusalem*, Bd. 3, S. 232–233.

24 2 Sam 15.

25 Gemeint ist die Kapelle des Abendmahlssaals (*Coenaculum*) der Franziskaner. Hierzu und zum »Davidsgrab« vgl. Bieberstein/Bloedhorn, *Jerusalem*, Bd. 2, S. 118–127.

26 Jos 15:8, 18:16; Jer 7:32; 19:2–6; 2 Chr 28:3 etc. Das Tal des Sohnes Hinnom (hebr. *Gehinnom*) wurde in der rabbinischen Literatur als Stätte göttlicher Strafe angesehen und nicht selten auch mit der Hölle in Verbindung gebracht.

27 Hier bringt Meshullam offenbar zwei verschiedene Dinge durcheinander: Bei *dem Millo* (im Hebräischen immer mit bestimmtem Artikel) handelt es sich um eine in der Bibel mehrfach erwähnte Anlage, die bereits unter König David existiert haben soll (2 Sam 5:9). [Vgl. Bieberstein/Bloedhorn, *Jerusalem*, Bd. 1, S. 61–70]. Zur Lokalisierung und Funktion des *Millo* existieren bis heute unterschiedliche Theorien (zu nennen ist insb. die Deutung als Befestigungsanlage bzw. Hangterrassen). In keinem Fall aber handelte es sich bei dem biblischen *Millo* um eine »Ebene, in der die Menschen aus Jerusalem umherwandern können«. Wenn Meshullam vom *Millo* spricht, ist wohl ein Gelände in der Nähe des Mamillafriedhofs bzw. Mamillateiches gemeint. Es steht zu vermuten, daß unser Reisende das arab. *mamilla* mit *ha-Millo* verwechselte oder identifizierte, sei es aufgrund der Ähnlichkeit der Begriffe oder aufgrund einer damals verbreiteten Etymologie. Vgl. auch Yaari, *Massa Meshullam mi-Volterra*, S. 74, Anm. 3.

28 Gemeint ist die herodianische Nekropole in Sanhedriya. Vgl. Bieberstein/Bloedhorn, *Jerusalem*, Bd. 2, S. 28–35.

29 1 Sam 17.

30 Heute Nabi Samuil, nordwestlich von Jerusalem. Vgl. 1 Sam 25:1.

31 Bagdad.

32 Aleppo.

33 Hama (Syrien).

34 1 Sam 25:29. Das heißt, er starb.

35 Die Tradition der jährlichen Wallfahrt (*ziyara*) nach Rama hatte sich unter den Juden des Orients vor allem seit dem 13. Jahrhundert ausgebildet. Vgl. Reiner, *Aliya ve-aliya la-regel*, v.a. S. 306–320; ders., *Traditions of Holy Places*, S. 12; Cohen, *Jewish Life*, S. 101–104.

36 Bieberstein/Bloedhorn, *Jerusalem*, Bd. 2, S. 281–282.

37 Ps 121:4.

38 Vgl. z.B. 2 Mose 3:8; 3 Mose 20:24; 4 Mose 13:27; 5 Mose 6:3; Jos 5:6; Jer 11:5; Hes 20:6.

39 Also nach der Hochzeit.

40 Vgl. S. 113, Anm. 7.

41 Vgl. Ps 124:6. Das heißt, daß der Mann der Gattin kein Essen gibt.

42 5 Mose 31:12; Jer 40:7.

43 Gemeint ist das Mamlukenreich.

44 3 Mose 24:22, 4 Mose 15:16.

45 Ps 9:14; 107:18; Hi 38:17.

46 Wohl eher: Colombano (vgl. Yaari, *Massa Meshullam mi-Volterra*, S. 76, Anm. 2).

47 Im Original: *diete* (it.; gemeint sind dietätische Vorschriften).

48 Ps 9:14; 107:18; Hi 38:17.

49 Es handelt sich um den wohlhabenden italienischen Juden Yosef da Montagna, der ein Jahr zuvor (1480) über Venedig und Beirut nach Palästina gereist war, wo er sich nach einem längeren Aufenthalt in Safed, dem Zentrum der mystischen Gelehrsamkeit, schließlich in Jerusalem niederließ und – wie wir durch Meshullam wissen – offenbar rasch zu großem Ansehen gelangte. Aus dem Jahre 1481 ist uns ein Brief Yosef da Montagnas aus Jerusalem überliefert, in dem der Rei-

sende nicht zuletzt über den Zustand des Heiligen Landes berichtet: Yaari, *Iggerot Eretz Yisrael*, S. 89–93.

50 Diese Übersetzung – die hier wohlgemerkt nicht im heute gebräuchlichen (d.h. juridischen) Sinne gemeint ist – kommt dem Ehrentitel des hebräischen Originals wohl am nächsten.

51 Im Original: *maskilim* (hebr.).

52 Die weltliche Verwaltung und geistliche Führung der Jerusalemer Judenschaft teilten sich auf zwischen dem Parnas, den *dayyanim*, den *shoftim*, den *maskilim* (Gelehrten), den Rabbinern sowie dem Vize-Nagid (als Repräsentanten des Nagid in Ägypten). Die genaue Kompetenzverteilung läßt sich heute nicht immer mit letzter Genauigkeit aufklären. Die *shoftim* (die mit den Ältesten offenbar eine Gruppe bildeten) wurden im Arabischen in der Tat, wie Meshullam berichtet, als *shaikh* [*mahallat al-yahud*] (Scheich [des jüdischen Viertels]) bezeichnet. Ihre Aufgaben lagen vor allem in der Vertretung und Führung der Gemeinde (mit Kompetenzen in Fragen der Steuererhebung und Verwaltung). Dagegen fungierten die *dayyanim* als Richter in Religionsfragen und waren an der Erstellung von halachischen Entscheidungen beteiligt, betreuten aber auch das Beerdigungswesen. Ihre Sanktionsmöglichkeiten waren vergleichsweise gering und beschränkten sich im wesentlichen auf die Exkommunikation (*cherem*). Rabbi Ovadia di Bertinoro kritisierte 1488, also wenige Jahre nach dem Aufenthalt unseres Reisenden, die Amtsführung der Ältesten scharf und machte sie für die Probleme der Jerusalemer Judenschaft verantwortlich. Zu den Ämtern vgl. auch David, *To Come to the Land*, S. 73–75; ders., *The Jewish Settlement*, S. 74–78; Cohen, *Jewish Life*, S. 36–45.

53 2 Sam 3:32–33; (Ps.-)Rashi zu 2 Chr 35:25.

54 2 Sam 3:32–33; (Ps.-)Rashi zu 2 Chr 35:25.

55 Arab.: Die Heilige.

Von Jerusalem über Jaffa nach Damaskus

1 Ps 107:30.

2 Vgl. 1 Sam 22:9; 22:19. Die Stadt wird heute mit Issawiyya am Skopusberg identifiziert. Vgl. Michael Avi-Yonah, Lemma *Nob*, in: *EJ*, Bd. 15, S. 291.

3 Der Begriff ist unklar. Rabbi Yaakov ben Netanel ha-Cohen, ein jüdischer Reisender des späteren 12. Jahrhunderts, gibt dieselbe Distanz (von Jerusalem nach Nob) jedenfalls mit 10 *Parsaot* (also persische Meilen [Parasangen]) an. Vgl. seinen Reisebericht in: Yaari, *Massaot Eretz Yisrael*, S. 55–62, hier S. 57.

4 Est 6:12.

5 Es handelt sich um Djem (1459–1495), den Bruder des damaligen osmanischen Sultans Bayezid II. Im Streit um den Thron war Djem im Juni desselben Jahres seinem Bruder in der Schlacht bei Yeni-Shehir unterlegen und suchte daraufhin Zuflucht am Hofe des Mamlukensultans in Kairo. Auf dem Weg dorthin befand sich Djem, als unser Reisender ihm begegnete. Vgl. Halil Inalcık, Lemma *Djem*, in: *EI*, Bd. 2, S. 529–531.

6 Im Original: *tanburo* [sic!] (it.).

7 Im Original: *sipola* [für it. *Santo Sepolcro*]. Die auffallend verzerrte Schreibweise hat wohl einen pejorativen Hintergrund, wie bereits Yaari (*Massa Meshullam mi-Volterra*, S. 78, Anm. 9) vermutete. Ist sogar eine abschätzige Assoziation mit *cipolla* (it. Zwiebel) intendiert?

8 Bei Agostino Contarini (ca. 1430–1503) handelt es sich um einen führenden venezianischen Schiffspatron, dessen Dienste von zahlreichen Heiliglandfahrern der damaligen Zeit in Anspruch genommen wurden und der schon zu Lebzeiten den Beinamen »del Zaffo [Jaffa]« trug. Contarini, der im letzten Viertel des 15. Jahrhunderts fast dreißig Heiliglandfahrten durchführte, beförderte beispielsweise die christlichen Pilger Felix Fabri (erste Palästinareise 1480) und Heinrich von Zedlitz (1493). Auch der Mailänder Domherr Pietro Casola reiste 1494 an Bord von Contarinis Schiff, der *Contarina*. Casola hat uns eine eindrückliche Beschreibung dieses Schiffes hinterlassen, die sich auszugsweise in deutscher Übersetzung nachlesen läßt bei: Fouquet, *Die Reise eines niederadeligen Anonymus*, S. 271–275. Zu Contarini vgl. auch Cardini, *In Terrasanta*, S. 273–274; Hasecker, *Die Johanniter*, v.a. S. 151.

9 Es lag wohl auch im ureigenen Interesse des Schiffspatrons Agostino Contarini, die jüdische Herkunft des Reisenden zu verheimlichen: Ein Jahr zuvor (1480) hatte Contarini sich den Unmut christlicher Passagiere zugezogen, als er jüdische Mitreisende explizit in Schutz nahm. Vgl. Esch, *Gemeinsames Erlebnis*, S. 409.

10 Wörtlich eigentlich: »erzitterten sie«.

11 Fehlstelle in der Hs.

12 Im Original: *ha-Marokani* (hebr.). Es ist unklar, was genau damit gemeint ist.

13 Im Original: *alpi* [di] *Bologna* (it.). Damit sind allerdings nicht die Alpen gemeint (wie Yaari, *Massa Meshullam mi-Volterra*, S. 79, Anm. 10, annahm), sondern – in der allgemeinen Bedeutung des italienischen Wortes *alpi* – die Berge von Bologna, also der Apennin bei Bologna.

14 Dies ist so nicht zutreffend: Die Altstadt hat sehr wohl Mauern. Nicht ummauert waren hingegen die umliegenden Vorstädte, was den Eindruck unseres Reisenden vielleicht erklärt (Hinweis von G. Christ).

15 Im Orginal: *zecca* (it., von arab. *sikka* [Mancini, *Contatti*, S. 1643]). Zur Damaszener Münze vgl. Auch Balog, *Coinage of the Mamlūk Sultans*, S. 51.

16 Eine Goldmünze.

17 Eine Silbermünze.

18 Ha-Rofe: der Arzt (hebr.).

Von Beirut nach Venedig

1 1 Mose 27:34.

2 Limassol.

3 Paphos.

4 Episkopi.

5 Ferdinand I. von Neapel (reg. 1458–1494).

6 Kastelorizo (heute Griechenland).
7 Gelidonya Burnu (heute Türkei).
8 Antalya.
9 Halbfeiertage des Laubhüttenfestes.
10 An dieser Stelle ist die Korrespondenz zwischen Datum und Wochentag offenkundig fehlerhaft (in Bezug auf die vorangegangene Datumsangabe). Wie bereits in der Einleitung angemerkt, wurde in der vorliegenden Übersetzung allerdings grundsätzlich darauf verzichtet, solche Fehler auszubessern.
11 Karpathos.
12 Im Original: *Yam mediterraneo* (hebr./it.)
13 Die Vorstellung vom Mittelmeer als Mittelpunkt der Welt entspricht noch ganz der Darstellung auf den mittelalterlichen sog. T-O-Karten. Vgl. dazu Kadmon, *The Holy Land in Maps*, S. 16.
14 Konnte nicht identifiziert werden. Möglicherweise handelt es sich um La Fraschia, eine venezianische Bezeichnung für ein Kap unweit von Iraklio (Hinweis von F. Reichert).
15 1 Chr 4:40.
16 Iraklio.
17 Im Original: *borgo* (it.)
18 Hes 35:7; vgl. auch Sach 7:14; 9:8.
19 Ps 69:2; Jona 2:6.
20 Methoni (heute Griechenland).
21 Vgl. z. B. 1 Mose 43:33; Ps 48:6.
22 Rashi zu 2 Mose 12:22 (nach Mechilta, Bo, 11).
23 Genaue Lokalisierung unklar.
24 Sapientza (heute Griechenland).
25 Eine gängige Gebetsformel, vgl. zum Beispiel die Gebete *Anenu* und *Baruch sheamar.*
26 Proti (heute Griechenland).
27 Konnte nicht identifiziert werden.
28 Im Orginal steht in der Tat *schiavone* (it.). Dann wären, nach venezianischem Verständnis, Slawen, vor allem Einwohner Istriens und Dalmatiens gemeint, die als Soldaten der Serenissima dienten. In der Tat waren sogenannte Regimenter von *schiavoni* in Korfu stationiert. Vgl. Petter, *Dalmatien*, Bd. 1, S. 256. Allerdings ist an dieser Stelle ein Kopistenfehler nicht ganz auszuschließen, so daß durchaus auch *schiavine* gemeint sein könnten, eine in Venedig viel gehandelte Sorte grober Wolldecken. Vgl. Nemnich, *Waaren-Lexicon*, S. 268.
29 Italienische Bezeichnung für gesalzenen Fischrogen. Vgl. Nemnich, *Waaren-Lexicon*, S. 239.
30 Durrës (im heutigen Albanien).
31 Ps 107:30.
32 Gemeint ist die Adria.
33 Beim *mezzano* handelt es sich um das Besansegel. Eine anschauliche zeitgenössische Beschreibung der anderen hier genannten Segel findet sich im Reisebericht des Mailänder Domherrn Pietro Casola, der 1494 – übrigens auf der Ga-

leere desselben Schiffspatrons – nach Jerusalem reiste: Demnach befand sich am Bug »ein kleiner Mast mit einem quadratischen Segel; es wurde *trinchetto* genannt und wurde oft gesetzt und eingeholt« (also ein Focksegel). Hingegen handelte es sich beim *artimone* (Marssegel) um »ein großes Segel, gänzlich aus weißem Segeltuch gemacht«. Hier zitiert nach der auszugsweisen dt. Übersetzung bei Fouquet, S. 273.

34 Konnte nicht identifiziert werden.

35 Gemeint ist die Kampagne Ferdinands I. von Neapel gegen die osmanischen Truppen (Frühjahr/Sommer 1481), die im Vorjahr das apulische Otranto eingenommen hatten. Am 10. September 1481 gelang dem christlichen Heer die Rückeroberung der Stadt.

36 Konnte nicht identifiziert werden.

37 Otranto (Apulien).

38 Dubrovnik.

39 Mljet (heute Kroatien).

40 Lastovo (heute Kroatien).

41 Mrčara (heute Kroatien).

42 Im Original: *canale* (it.).

43 Ri 13:19.

44 Zadar (heute Kroatien).

45 It. *Nona*. Heute: Nin (Kroatien).

46 Lissa ist die geläufige italienische Bezeichnung für die Insel Vis (heute Kroatien), die allerdings weiter südlich liegt und daher hier nicht in Frage kommt. Vermutlich liegt ein Fehler des Schreibers vor, und gemeint ist wohl eher die Insel Isto (das heutige Ist). Vgl. auch Yaari, *Massa Meshullam mi-Volterra*, S. 85, Anm. 12.

47 Insel Sveti Petar (heute zu Ilovik, Kroatien).

48 1 Kön 19:11; Jona 1:4; Hi 1:19.

49 It. *Compare di Pola*. Heute: Rt Kumpar (Kroatien).

50 Vgl. 1 Mose 49:24.

51 2 Mose 19:16.

52 2 Mose 9:33.

53 Jona 4:8.

54 Im Original: *groppo* (it.).

55 Pessach-Haggada (Ausgabe Schlesinger/Güns), S. 24.

56 Gegen 20 Uhr.

57 Vgl. weiter oben S. 129, Anm. 25.

58 Pula (heute Kroatien).

59 Im Original: *cortile* (it.).

60 Poreč (heute Kroatien).

61 Rovinj (heute Kroatien).

62 Im Original: *piloto* [sic] (it.).

63 1 Mose 41:40.

64 Gegen 2 Uhr nachts.

65 Gemeint ist wohl Porto Secco auf der Insel Pellestrina im Süden der Lagune (Hinweis von G. Christ). Vgl. Goy, *Chioggia*, S. 116.

66 Ein angesehener venezianischer Schiffspatron, dessen Galeeren regelmäßig zwischen der Serenissima und Jaffa verkehrten. Vgl. auch Hasecker, *Die Johanniter*, S. 270.

Zu Quelle, Forschungslage und Edition

1 Eingehende Beschreibungen des Manuskripts geben Yaari (*Massa Meshullam mi-Volterra*, S. 30–32) und Veronese (*Mešullam da Volterra. Viaggio in Terra d'Israele*, S. 100–101).

2 Vgl. Hierzu auch Yaari, *Massa Meshullam mi-Volterra*, S. 32–33; sowie Veronese, *Mešullam da Volterra. Viaggio in Terra d'Israele*, S. 101–103.

3 *Yerushalayim* 1 (1881), S. 166–219.

4 *Otzar massaot*, hg. von J. D. Eisenstein, S. 86–106.

5 Adler, *Jewish Travellers*, S. 156–208.

6 Sestieri, *Un viaggiatore ebreo del secolo XV.*

7 Teile des Jerusalemberichts: Cassuto, *Gli ebrei a Firenze*, S. 425–427. Teile des Alexandriaberichts: *Illustration Juive* 2 (1930), S. 1–2 [nicht gesehen].

8 Yaari, *Massaot Eretz-Yisrael* [1946], S. 114–125. Diese rudimentäre und auf Cassuto beruhende Edition des Reiseberichts wurde auch in der zweiten, postumen Auflage der Anthologie (1976) beibehalten, obgleich Yaari zwischenzeitlich eine umfassende neue Edition des Reiseberichts als Monographie vorgelegt hatte.

9 *Massa Meshullam mi-Volterra be-Eretz Yisrael bi-shenat 1481*, hg. von Avraham Yaari, Jerusalem 1948.

10 J. Nom de Déu (Hg.), *Relatos de viajes y epístolas de peregrinos judíos a Jerusalén (1481–1523)*, S. 41–94; *Mešullam da Volterra. Viaggio in Terra d'Israele*, hg. von A. Veronese.

11 Zwar entstanden jiddische Reiseberichte erst im 17. Jahrhundert und blieben in der Frühen Neuzeit gering an der Zahl, gleichwohl bietet ihre Erforschung – zumal aus komparativer Sicht – aufschlußreiche Einsichten. Vgl. jetzt die Edition des Reiseberichts von Abraham Levi (1764) bei Berger, *Travels among Jews and Gentiles*, hier v.a. das Vorwort, S. 21–22.

12 Adlers englische und inzwischen nachgedruckte Anthologie von 1930 bleibt somit weiterhin der einschlägige Referenzpunkt für Historiker, die des Hebräischen nicht mächtig sind – und dies obwohl die hebräischen Editionen, die Adler als Vorlagen dienten, teilweise erhebliche Mängel aufweisen und veraltet sind (was auch auf die ansonsten verdienstvolle Übersetzung durchschlägt). Zuverlässiger, aber dafür schwer greifbar ist die 1987 erschienene spanische Anthologie *Relatos de viajes y epístolas de peregrinos judíos a Jerusalén* von J. Nom de Déu. Die französische Anthologie von D. Régnier-Bohler, *Croisades et pèlerinages* (1997) vereint christliche und jüdische Reiseberichte, welch letzere allerdings in teilweise stark gekürzter Form und mit nur spärlichem Kommentar dargeboten werden. Meshullams Reisebericht fehlt – aus nicht genauer benannten Gründen – in dieser Anthologie.

13 Yaari, *Massa Meshullam mi-Volterra*, S. 93–98; sowie Veronese, *Mešullam da Volterra. Viaggio in Terra d'Israele*, S. 109–113.
14 Vgl. daher Yaari, *Massa Meshullam mi-Volterra*, S. 34–35.
15 Halm, *Ägypten nach den mamlukischen Lehensregistern*, 2 Bde.

Quellen- und Literaturverzeichnis

Siglen

EI	The Encyclopaedia of Islam, 2. Auflage, 12 Bde., Leiden 1960–2004.
EJ	Encyclopaedia Judaica, 2. Auflage, 22 Bde., Detroit 2007.
LexMA	Lexikon des Mittelalters, 10 Bde., Stuttgart 1977–1999.
LexJ	Neues Lexikon des Judentums, hg. von Julius H. Schoeps, Gütersloh 1991.

Handschrift und Ausgaben

Handschrift

Florenz, Biblioteca Medicea Laurenziana, Cod. plut. 44.11, fol. 34r–54r.

Ausgaben und Übersetzungen (chronologisch)

Jahr	*Ausgabe/ Übersetzung*	*Herausgeber/ Übersetzer*	*Erscheinungsort*
1881	Edition	David Castelli	Yerushalayim [engl. Nebentitel: Jerusalem. Yearbook for the Diffusion of an Accurate Knowledge of Ancient and Modern Palestine] 1 (1881), S. 166–219.
1918	Teiledition (Jerusalem)	Umberto Cassuto	Gli ebrei a Firenze nell'età del Rinascimento, Florenz 1965 [11918].
1926	Edition	Judah David Eisenstein (nach Castelli)	Otzar massaot. Kovetz tiyyurim shel nosim yehudim […], New York 1926 [ND Tel Aviv 1969], S. 86–106
1930	Teiledition (Alexandria)	Umberto Cassuto	Illustration Juive 2 (1930), S. 1–2 [nicht gesehen].

Jahr	*Ausgabe/ Übersetzung*	*Herausgeber/ Übersetzer*	*Erscheinungsort*
1930	Teilübersetzung (engl.)	Nathan Elkan Adler	Jewish Travellers, New York 1931 [[1]1930], S. 156–208.
1936	Teilübersetzung (ital.)	Lea Sestieri	Un viaggiatore ebreo del secolo XV. Meshullam ben Menachem da Volterra, in: Rassegna mensile di Israel 10 (1936), S. 478–492.
1946	Teiledition	Avraham Yaari (nach Cassuto)	Massaot Eretz Yisrael shel olim yehudim mi-yeme ha-benayim ve-ad reshit yeme shivat Tziyon, Ramat Gan 1976 [[1]1945/1946].
1948	Edition	Avraham Yaari	Massa Meshullam mi-Volterra be-Eretz Yisrael bi-shenat 1481, Jerusalem 1948.
1987	Übersetzung (span.)	José Ramón Magdalena Nom de Déu	Relatos de viajes y epístolas de peregrinos judíos a Jerusalén (1481–1523), Sabadell 1987, S. 41–94.
1989	Übersetzung (ital.)	Alessandra Veronese	Mešullam da Volterra. Viaggio in Terra d'Israele, Rimini 1989.

Gedruckte Quellen

Adler, Elkan Nathan: Jewish Travellers, New York 1931 [[1]1930].

Adorno, Anselm: Itinéraire d'Anselme Adorno en Terre Sainte (1470–1471), hg. von Jacques Heers und Georgette de Groer, Paris 1978.

Ariosto, Alessandro: Itinerarium (1476–1479), hg. von Fabio Uliana, Alessandria 2007.

Basola, Moses: In Zion and Jerusalem. The Itinerary of Rabbi Moses Basola (1521–1523), hg. und eingeleitet von Abraham David, Jerusalem 1999.

Benjamin von Tudela: Buch der Reisen (Sefer ha-Massa'ot). Ins Deutsche übertragen von Rolf P. Schmitz, Frankfurt a. M. u.a. 1988.

Berger, Shlomo: Travels among Jews and Gentiles. Abraham Levie's Travelogue (Amsterdam 1764), Leiden 2002.

Bisticci, Vespasiano da, Große Männer und Frauen der Renaissance, hg. von Bernd Roeck, München 1995.

Breydenbach, Bernhard von: Peregrinatio in terram sanctam. Frühneuhochdeutscher Text und Übersetzung, hg. von Isolde Mozer, Berlin 2010.

Casola, Pietro: Viaggio a Gerusalemme di Pietro Casola, hg. von Anna Paoletti, Alessandria 2001.

David, Abraham: Mekorot chadashim al haflagat ha-yehudim mi-Venetzia la-mizrach ve le-Eretz Yisrael ba-meot ha-chamesh-esre veha-sheva-esre, in: Shalem 6 (1992), S. 319–333.

Denke, Andrea: Konrad Grünembergs Pilgerreise ins Heilige Land 1486. Untersuchung, Edition und Kommentar, Köln/Weimar 2011.

Eisenstein, Judah David: Otzar massaot. Kovetz tiyyurim shel nosim yehudim [...], New York 1926 [ND Tel Aviv 1969].

Eshtori ha-Parchi: Die Geographie Palästinas von Estori haf-Farchi [sic], hg. und übers. von L. Grünhut, Frankfurt a. M. 1912.

Fabri, Felix: Evagatorium in Terrae Sanctae, Arabiae et Egypti peregrinationem, hg. von Konrad Dietrich Hassler, 3 Bde., Stuttgart 1843.

Fouquet, Gerhard (Hg.): Die Reise eines niederadeligen Anonymus ins Heilige Land im Jahre 1494, Frankfurt a. M. 2007.

Harff, Arnold von: Rom – Jerusalem – Santiago. Das Pilgertagebuch des Ritters Arnold von Harff (1496–1498), übersetzt und kommentiert von Helmut Brall-Tuchel und Folker Reichert, Köln u. a. 2007.

Herz, Randall: Die ›Reise ins Gelobte Land‹ Hans Tuchers des Älteren (1479–1480). Untersuchungen zur Überlieferung und kritische Edition eines spätmittelalterlichen Reiseberichts, Wiesbaden 2002.

Ibn Battuta: Die Wunder des Morgenlandes. Reisen durch Afrika und Asien. Nach der arabischen Ausgabe von Muhammad al-Bailuni ins Deutsche übertragen, kommentiert und mit einem Nachwort versehen von Ralf Elger, München 2010.

Krünitz, Johann Georg: Oekonomische Encyklopädie, 242 Bde., Berlin: Pauli 1773–1858.

Malipiero, Domenico: Annali veneti dall'anno 1457 al 1500 del Senatore Domenico Malipiero (= Archivio storico italiano. Opere e documenti, VII/2), Florenz 1844.

Nemnich, Philipp Andreas: Waaren-Lexicon in zwölf Sprachen, Hamburg 1797.

Neubauer, Adolf: Ein anonymer Reisebrief vom Jahre 1495, in: Jahrbuch für die Geschichte der Juden und des Judenthums 3 (1863), S. 273–302.

Nom de Déu, José Ramón Magdalena (Hg.): Relatos de viajes y epístolas de peregrinos judíos a Jerusalén (1481–1523), Sabadell 1987.

Ovadia di Bertinoro: Me-Italya li-Yerushalayim. Iggerotav shel R. Ovadya mi-Bartenora me-Eretz Yisrael, hg. von Menachem Emanuele Artom und Abraham David, Jerusalem 1997.

Ovadia di Bertinoro: Zwei Briefe Obadjah's aus Bartenuro aus den Jahren 5248 und 5249, hg. und übers. von Adolf Neubauer, Leipzig 1863.

Petachia aus Regensburg: Die Rundreise des R. Petachjah aus Regensburg [dt./hebr.], hg. von L. Grünhut, Jerusalem 1904.

Petrarca, Francesco: Reisebuch zum Heiligen Grab [Itinerarium ad sepulcrum Domini nostri Iesu Christi], hg. von Jens Reufsteck, Stuttgart 1999.

Pico della Mirandola, Giovanni, Rede über die Würde des Menschen, hg. von Gerd von der Gönna, Stuttgart 2009.

Régnier-Bohler, Danielle (Hg.): Croisades et pèlerinages. Récits, chroniques et voyages en Terre Sainte (XIIe-XVIe siècle), Paris 1997.
Reichert, Folker: Die Reise des Pfalzgrafen Ottheinrich zum Heiligen Land (1521), Regensburg 2005.
Reuveni, David: Sippur David ha-Reuveni, hg. von Aaron Zeev Aescoly, Jerusalem [2]1993.
Tucher, Hans: Reise ins Gelobte Land (siehe Herz, Randall).
Yaari, Avraham: Iggerot Eretz Yisrael shekatvu ha-yehudim ha-yoshevim ba-aretz le-achehem sheba-gola, Ramat Gan 1971 [[1]1943].
–: Massaot Eretz Yisrael shel olim yehudim mi-yeme ha-benayim ve-ad reshit yeme shivat Tziyon, Ramat Gan 1976 [[1]1945/1946].

Benutzte Literatur

Lemmata wurden nicht in die Bibliographie aufgenommen.

Arbel, Benjamin: Venetian Cyprus and the Muslim Levant, 1473–1570, in: Nicholas Kureas/Jonathan Riley-Smith (Hg.), Kypros kai oi Staurophories [Cyprus and the Crusades], Nicosia 1994, S. 159–185.
–: The Port Towns of the Levant in Sixteenth-Century Travel Literature, in: Alexander Cowan (Hg.), Mediterranean Urban Culture (1400–1700), Exeter 2000, S. 151–164.
Ayalon, David: Studies on the Mamluks of Egypt (1250–1517), London 1977.
Balog, Paul: The Coinage of the Mamlūk Sultans of Egypt and Syria, New York 1964.
Baron, Salo Wittmayer: A Social and Religious History of the Jews, Bd. 6, Philadelphia [2]1958.
Bieberstein, Klaus/Hanswulf Bloedhorn: Jerusalem. Grundzüge der Baugeschichte vom Chalkolithikum bis zur Frühzeit der osmanischen Herrschaft, 3 Bde., Wiesbaden 1994.
Bonfil, Robert: Jewish Life in Renaissance Italy, Berkeley 1994.
Busi, Giulio (Hg.): Viaggiatori ebrei. Berichte jüdischer Reisender vom Mittelalter bis in die Gegenwart, Bologna 1992.
Busi, Giulio: Prefazione, in: Mešullam da Volterra. Viaggio in Terra d'Israele, ins Italienische übers. und hg. von Alessandra Veronese, Rimini 1989, S. 7–9.
Cardini, Franco: In Terrasanta. Pellegrini italiani tra Medioevo e prima età moderna, Bologna 2002.
Cassuto, Umberto: Gli ebrei a Firenze nell'età del Rinascimento, Florenz 1965 [[1]1918].
–: La famille des Médicis et les Juifs, in: Revue des études juives 76 (1923), S. 132–145.
Christ, Georg: Trading Conflicts. A Venetian Consul in Mamlûk Alexandria at the Beginning of the 15th Century, Leiden 2011 (i. V. zum Druck).
Cohen, Amnon: Jewish Life under Islam. Jerusalem in the Sixteenth Century, Cambridge/Mass. 1984.

Cortese, Nino: Don Alfonso d'Aragona ed il conflitto fra Napoli e Venezia per la conquista di Cipro, in: Rivista abruzzese di scienze, lettere ed arti 30 (1916), S. 182–192.

David, Abraham: To Come to the Land. Immigration and Settlement in Sixteenth-Century Eretz-Israel, Tuscaloosa etc. 1999.

–: The Jewish Settlement in Palestine in the Mameluke Period (1260–1516), in: Alex Carmel/Peter Schäfer/Yossi Ben-Artzi (Hg.), The Jewish Settlement in Palestine (634–1881), Wiesbaden 1990, S. 40–85.

Elbogen, Ismar: Der jüdische Gottesdienst in seiner geschichtlichen Entwicklung. Dritte Auflage, Frankfurt a. M. 1931 [ND Hildesheim 1995].

Esch, Arnold: Anschauung und Begriff. Die Bewältigung fremder Wirklichkeit durch den Vergleich in Reiseberichten des späten Mittelalters, in: Historische Zeitschrift 253 (1991), S. 281–312.

Esch, Arnold: Gemeinsames Erlebnis – individueller Bericht. Vier Parallelberichte aus einer Reisegruppe von Jerusalempilgern 1480, in Zeitschrift für historische Forschung 11 (1984), S. 385–416.

Ganz-Blättler, Ursula: Andacht und Abenteuer. Berichte europäischer Jerusalem- und Santiago-Pilger (1320–1520), Tübingen 1990.

Ginsburg, Christian David: Introduction to the Massoretico-Critical Edition of the Hebrew Bible, London 1897.

Ginzberg, Louis: Legends of the Jews, 2 Bde., Philadelphia 2003 [Philadelphia [1]1909–1938].

Goldthwaite, Richard A., The Building of Renaissance Florence. An Economic and Social History, Baltimore 1982.

Goy, Richard John: Chioggia and the Villages of the Venetian Lagoon. Studies in Urban History, Cambridge 1985.

Grotefend, Hermann: Zeitrechnung des deutschen Mittelalters und der Neuzeit, 2 Bde., Hannover 1891.

Haarmann, Ulrich/Heinz Halm (Hg.): Geschichte der arabischen Welt, München [4]2001.

Halbwachs, Maurice: Stätten der Verkündigung im Heiligen Land. Eine Studie zum kollektiven Gedächtnis, hg. von Stephan Egger, Konstanz 2003.

Halm, Heinz: Ägypten nach den mamlukischen Lehensregistern, 2 Bde., Wiesbaden 1979–1982.

Harbsmeier, Michael: Reisen in der Diaspora. Eigenes in der Fremde in der jüdischen Reiseliteratur des Mittelalters, in: Das Mittelalter 3 (1998), S. 63–80.

Hasecker, Jyri: Die Johanniter und die Wallfahrt nach Jerusalem (1480–1522), Göttingen 2008.

Hassauer, Friederike: Volkssprachliche Reiseliteratur. Faszination des Reisens und räumlicher ordo, in: Hans Ulrich Gumbrecht, Ursula Link-Heer, Peter-Michael Spangenberg (Hg.), La litterature historiographique des origines à 1500 (= Grundriss der romanischen Literaturen des Mittelalters, Bd. 11/1), Heidelberg 1986, S. 259–283.

Herlihy, David/Christiane Klapisch-Zuber: Les Toscans et leurs familles. Une étude du catasto florentin de 1427, Paris 1978.

Hippler, Christiane: Die Reise nach Jerusalem. Untersuchungen zu den Quellen, zum Inhalt und zur literarischen Struktur der Pilgerberichte des Spätmittelalters, Frankfurt a. M. 1987.
Horowitz, Elliott: »Remarkable Rather for Its Eloquence than Its Truth«. Modern Travelers Encounter the Holy Land-and Each Other's Accounts Thereof, in: Jewish Quarterly Review 99 (2009), S. 439–464.
Howell, Thomas R.: Breeding Biology of the Egyptian Plover, Pluvianus aegyptius, Berkeley etc. 1979.
Huschenbett, Dietrich: Jerusalem-Fahrten in der deutschen Literatur des Mittelalters, in: Das Mittelalter 3 (1998), S. 141–160.
Hütteroth, Wolf-Dieter: Palästina und Transjordanien im 16. Jahrhundert. Wirtschaftsstruktur ländlicher Siedlungen nach osmanischen Steuerregistern, Wiesbaden 1978.
Jal, Augustin: Archéologie navale, 2 Bde., Paris 1840.
Kadmon, Naftali: The Holy Land in Maps. From Stone Mosaics to Satellite Image, in: Ariel Tishby, The Holy Land in Maps, Jerusalem 2001, S. 13–23.
Katele, Irene B.: Piracy and the Venetian State. The Dilemma of Maritime Defense in the Fourteenth Century, in: Speculum 63 (1988), S. 865–889.
Khattab, Aleya: Das Ägyptenbild in den deutschsprachigen Reisebeschreibungen der Zeit von 1285–1500, Frankfurt a. M./Bern 1982.
Klapisch-Zuber, Christiane: Women, Family, and Ritual in Renaissance Italy, Chicago 1987.
Lapucci, Carlo: Dizionario dei proverbi italiani, Florenz 2006.
Liscia Bemporad, Dora/Ida Zatelli (Hg.): La cultura ebraica all'epoca di Lorenzo il Magnifico, Florenz 1998.
Luzzati, Michele: Documenti inediti su Yohanan Alemanno a Firenze (1481 e 1492–1494), in: Dora Liscia Bemporad/Ida Zatelli (Hg.), La cultura ebraica all'epoca di Lorenzo il Magnifico, Florenz 2008, S. 71–84.
Mączak, Antoni/Hans Jürgen Teuteberg (Hg.): Reiseberichte als Quellen europäischer Kulturgeschichte. Aufgaben und Möglichkeiten der historischen Reiseforschung, Wolfenbüttel 1982.
–: Travel in Early Modern Europe, Cambridge 1995.
Magnante, Giovanna: L'acquisto dell'isola di Cipro da parte della Repubblica di Venezia, in: Archivio veneto 59 (1929), S. 1–82.
Maier, Franz Georg: Cypern. Insel am Kreuzweg der Geschichte, Stuttgart 1964.
Mancini, Marco: Contatti linguistici: arabo e Italoromania, in: Gerhard Ernst u.a. (Hg.), Romanische Sprachgeschichte, Berlin 2006, Bd. 2, S. 1639–1646.
Moraw, Peter (Hg.): Unterwegssein im Mittelalter, Berlin 1985.
Nulman, Macy: The Encyclopedia of Jewish Prayer, Northvale/NJ 1993.
O'Connell, Monique u.a. (Hg.), Rulers of Venice, 1332–1524, New York 2009 (ACLS Humanities E-Book).
Paravicini, Werner (Hg.): Europäische Reiseberichte des späten Mittelalters. Eine analytische Bibliographie, 3 Bde., Frankfurt a. M. 1994–2001.
Petter, Franz: Dalmatien in seinen verschiedenen Beziehungen, 2 Bde., Gotha 1856.

Popper, William: The Cairo Nilometer (= Studies in Ibn Taghrî Birdî's Chronicles of Egypt, Bd. 1), Berkeley u.a. 1951.

Raymond, André: Cairo's Area and Population in the Early Fifteenth Century, in: Muqarnas 2 (1984), S. 21–31.

Reichert, Folker: Fernreisen im Mittelalter, in: Das Mittelalter 3 (1998), S. 5–17.

–: Erfahrung der Welt. Reisen und Kulturbegegnung im späten Mittelalter, Stuttgart 2001.

–: Die Wallfahrt nach Jerusalem von der Spätantike bis zum Ausgang des Mittelalters, in: ders., Die Reise des Pfalzgrafen Ottheinrich zum Heiligen Land (1521), Regensburg 2005, S. 8–15.

–: Eberhard im Bart und die Wallfahrt nach Jerusalem im späten Mittelalter. Ein unbekannter Pilgerbericht, in: Zeitschrift für Württembergische Landesgeschichte 64 (2005), S. 57–83.

Reiner, Elchanan: Aliya ve-aliya la-regel le-Eretz Yisrael 1099–1517, unveröffentlichte Dissertation, Hebräische Universität Jerusalem 1988.

–: Traditions of Holy Places in Medieval Palestine – Oral versus Written, in: Rachel Sarfati (Hg.), Offerings from Jerusalem. Portrayals of Holy Places by Jewish Artists, Jerusalem 2002, S. 9–19.

Röhricht, Reinhold: Bibliotheca geographica Palaestinae. Chronologisches Verzeichnis der von 333 bis 1878 verfassten Literatur über das Heilige Land. Verbesserte und vermehrte Neuausgabe hg. von David H. K. Amiran, Jerusalem 1963 [Berlin 1890]

Rosen-Ayalon, Myriam: The Early Islamic Monuments of al-Haram al-Sharif. An Iconographic Study, Jerusalem 1989.

Ruderman, David B.: Cecil Roth, Historian of Italian Jewry, in: David N. Myers/ders. (Hg.), The Jewish Past Revisited. Reflections on Modern Jewish Historians, New Haven etc. 1998, S. 128–142.

–: The World of a Renaissance Jew. The Life and Thought of Abraham ben Mordecai Farissol, Cincinnati 1981.

Schmugge, Ludwig: Die Pilger, in: Peter Moraw (Hg.), Unterwegssein im Mittelalter, Berlin 1985, S. 17–47.

Schröder, Stefan: Zwischen Christentum und Islam. Kulturelle Grenzen in den spätmittelalterlichen Pilgerberichten des Felix Fabri, Berlin 2009.

Schwara, Desanka: Unterwegs. Reiseerfahrung zwischen Heimat und Fremde in der Neuzeit, Göttingen 2007.

Seidlmayer, Stephan Johannes: Historische und moderne Nilstände. Untersuchungen zu den Pegelablesungen des Nils von der Frühzeit bis in die Gegenwart, Berlin 2001.

Sestieri, Lea: Un viaggiatore ebreo del secolo XV. Meshullam ben Menachem da Volterra, in: Rassegna mensile di Israel 10 (1936), S. 478–492.

Shatzmiller, Joseph: Récits de voyage hébraïques au Moyen Âge. Introduction, in: Danielle Régnier-Bohler (Hg.), Croisades et pèlerinages. Récits, chroniques et voyages en Terre Sainte (XIIe-XVIe siècle), Paris 1997, S. 1281–1301.

Simonsohn, Shlomo: Divieto di trasportare ebrei in Palestina, in: Italia judaica. Atti del II convegno internazionale, Rom 1986, S. 39–53.

Steinschneider, Moritz: Jüdische Schriften zur Geographie Palästinas (X.–XIX. Jahrhundert), Jerusalem 1892.
Thesaurus proverbiorum medii aevi, hg. vom Kuratorium Singer, 13 Bde., Berlin u.a. 1995–2002.
Tobler, Titus: Bibliographia geographica Palaestinae, Leipzig 1867 [ND Amsterdam 1964].
Treue, Wolfgang: Der Trienter Judenprozeß. Voraussetzungen – Abläufe – Auswirkungen (1475–1588), Hannover 1997.
Veronese, Alessandra: Il viaggio di Meshullam ben Menahem da Volterra, in: Giulio Busi (Hg.), Viaggiatori ebrei. Berichte jüdischer Reisender vom Mittelalter bis in die Gegenwart, Bologna 1992, S. 45–66.
–: Una famiglia di banchieri ebrei tra XIV e XVI secolo: i da Volterra. Reti di credito nell'Italia del Rinascimento, Pisa 1998.
Wansbrough, John: A Mamluk Ambassador to Venice in 913/1507, in: Bulletin of the School of Oriental and African Studies 26 (1963), S. 503–530.
–: Venice and Florence in the Mamluk Commercial Privileges, in: Bulletin of the School of Oriental and African Studies 28 (1965), S. 483–523.
Zunz, Leopold: Geographische Literatur der Juden von den ältesten Zeiten bis zum Jahre 1841, in: ders. Gesammelte Schriften, Berlin 1875/1876 [ND Hildesheim 1976], S. 146–216.

Bildnachweis

Herausgeber und Verlag danken für die Überlassung der Bildvorlagen und die Erteilung von Publikationsgenehmigungen. Der Verlag hat sich entsprechend den gesetzlichen Bestimmungen des Urheberrechts bemüht, die Copyrights einzuholen und abzugelten.

Abb. 1, 2: The National Library of Israel, Eran Laor Cartographic Collection

Abb. 3, 12: Florenz, Biblioteca Medicea Laurenziana, Cod. plut. 44.11.

Abb. 4, 5, 6, 8, 9: Universitätsbibliothek Heidelberg

Abb. 7, 11: Forschungsbibliothek Gotha (Konrad Grünemberg: Bericht über die Pilgerfahrt ins Heilige Land 1486. Handschrift auf Papier, Konstanz, um 1490; kolorierte Zeichnungen: Moschee und Pilgerschiff des Agostino Contarini): Abb. 7 (Chart A 541, 53r), Abb. 11 (Chart. A 541, 10v-11r) © Forschungsbibliothek Gotha

Abb. 10: Deutschland, Privatsammlung

Stellenverzeichnis

Bibelstellen

1. Mose

2. Mose

3. Mose

4. Mose

5. Mose

Josua

Richter

1. Samuel

2. Samuel

1. Könige

2. Könige

Jesaja

Jeremia

Hesekiel

Joel

Jona

Habakuk

Sacharja

Psalmen

Sprüche

Hiob

Kohelet

Ester

Daniel

Nehemia

1. Chronik

Talmud

Rabbinica

Geographisches Register

Bei Ortsnamen, deren moderne Schreibweise sich von derjenigen Meshullams unterscheidet, erscheint letztere in Klammern.

Personenregister

Meshullam da Volterra wird nicht aufgeführt. Personennamen aus dem Alten und Neuen Testament sind kursiv gesetzt.